PAUL MANSUY
1966

ESSAIS DE PSYCHOLOGIE DRAMATIQUE

S15..

e 44
44

1732.

DU MÊME AUTEUR :

FAUSSE ROUTE, un acte en collaboration avec Paul Acker (Odéon, 1900).

POUR L'ENFANT, roman (Flammarion, 1904).

PEUT-ÊTRE, roman, 3ᵉ éd. (Plon, Nourrit et Cⁱᵉ, 1905).

LES SENTIERS DE L'AMOUR, roman, 3ᵉ éd., ouvrage couronné par l'Académie française (Plon, Nourrit et Cⁱᵉ, 1906).

L'OFFRANDE, roman, 4ᵉ éd. (Lemerre, 1908).

LA CARRIÈRE AMOUREUSE DE M. MONTSECRET, roman, 4ᵉ éd. (Lemerre, 1909).

LE RIVAL, deux nouvelles, 3ᵉ éd. (Lemerre, 1910).

A PARAITRE PROCHAINEMENT :

THÉRÈSE MESNIL, roman.

ALBERT-ÉMILE SOREL

Essais de Psychologie dramatique

HENRY BECQUE. — PAUL HERVIEU. — EMILE FABRE.
GEORGES DE PORTO-RICHE. — MAURICE DONNAY.
JULES LEMAÎTRE. — HENRI LAVEDAN.
FRANÇOIS DE CUREL. — BRIEUX.

PARIS

BIBLIOTHÈQUE INTERNATIONALE D'ÉDITION

*E. SANSOT & C*ie

9, Rue de l'Eperon, 9

1911

UN MOT D'INTRODUCTION

Les études qui sont réunies dans ce volume n'ont pas la prétention de donner une idée d'ensemble du théâtre contemporain. J'y ai noté quelqus traits de l'œuvre et de la personnalité des auteurs, dont l'influence me paraît dominante. Leurs tendances, leur inspiration, leurs procédés sont divers ; j'ai le souci de laisser à chacun son originalité, et je n'essaierai pas d'établir entre eux un parallèle ou un rapprochement arbitraires. Toutefois, l'écrivain dramatique est trop solidaire des goûts et des sentiments du public pour qu'il ne soit point possible de rechercher les liens ataviques intellectuels qui unissent les manifestations de leur art. Les spectacles actuels sont aussi disparates que les affiches sont bariolées : l'attrait du music-hall n'est point en décadence ; on se divertit à des représentations qui suscitent l'horreur ; on se plaît à l'âpre brutalité du réalisme ; on apprécie le sourire indul-

Essai de psychologie dramatique.

1

gent qui dissimule une observation pessimiste ; on applaudit les vers et l'on aime la fantaisie que les poètes préfèrent désormais à l'épopée ; cependant, qu'une pièce soulève une question sociale ou traite un problème psychologique plus grave, on y accourt et la discute avec passion.

Quelles sont les origines du théâtre contemporain ? Quels sont les maîtres des auteurs dont il est question dans ces pages ? Lors de leurs premiers débuts, les noms d'Augier, de Dumas fils et de Meilhac et Halévy fascinaient les spectateurs : c'est d'eux qu'il convient de parler.

***

Emile Augier, avec sa maîtrise, son bon sens et sa façon de composer avec je ne sais quoi de romanesque le tableau de la vie bourgeoise, suivait la tradition classique et donnait de la société une image exacte, avec un jugement habile et des vues saines. Les circonstances et les idées qui régnaient alors, renouvelèrent les sujets qu'il abordait et il laissa Le Gendre de M. Poirier, qui demeure un chef-d'œuvre de la grande comédie de mœurs. Les Effrontés et le Fils de Giboyer ouvrirent la voie aux investigations sociales, plus, peut-être, que ne l'auraient fait les raisonne-

ments où les thèses artificielles. Assurément, Emile
Augier estima que les vers pouvaient, trop souvent,
devenir le langage coutumier de M. Jourdain et il
abusa, dans telles de ses pièces, d'une forme qui,
désormais, nous semble périmée, en pareille occurrence.
Mais sa marque puissante, sa netteté, la vigueur de
sa composition l'imposèrent à ceux qui le suivirent,
et Emile Augier reste l'un des artisans les plus considérables de la littérature scénique.

L'action de Dumas fils, quoi qu'en affirment certains
critiques, s'exerce encore avec fruit. Sans doute, nous
n'en sommes plus à réclamer des réquisitoires éloquents
contre les abus ou les vices de la société ; nous n'ad-
mettons plus guère l'intervention d'un personnage, un
peu trop étranger au sujet, qui débite, à la façon d'un
monologue, ses tirades, pour y exposer les doctrines de
l'auteur. Il faut, maintenant, que le raisonneur soit
mêlé à l'action, qu'il fasse corps avec elle. Une évolution analogue, d'ailleurs, s'est produite dans l'opéra.
Autrefois, le ténor ou le soprano se posaient à l'avant-
scène, dans une attitude convenue qui n'était pas
exempte de ridicule et chantaient « leurs airs », sou-
lignés par l'accompagnement insignifiant du quatuor ;
désormais, leurs voix se confondent avec celles des
instruments ; leurs voix font partie de celles de

l'orchestre ; elles sont un élément de la symphonie et la mélodie est comme un développement ou un commentaire de la base fondamentale qui la subjugue et l'emporte.

N'oublions pas, pour cela, qu'Alexandre Dumas fils, dont les œuvres figurent au répertoire, fut un prodigieux novateur, qu'on le traita d'hérétique et que, sans lui, nous en serions, peut-être encore, au badinage d'après dîner. Le premier, il a osé s'élever en critique passionné des hommes et des femmes de son temps, révéler les étroitesses du monde et les mesquineries de la morale officielle : il a osé être moraliste, en ces années où l'on ne voulait point accepter d'autres idées que celles qui paraissaient conformes aux saines doctrines des puissants du jour. Il a été un magnifique semeur de pensées et de réformes ; il était attendu et, alors qu'il nous apparaît dogmatique aujourd'hui, on le condamnait, naguère, pour sa hardiesse et son indépendance.

« Cette voix — a écrit M. Paul Bourget, dans la magistrale étude qu'il lui a consacrée — prononçait précisément les paroles dont cette foule avait le besoin. Elle disait sur l'amour, sur l'argent, sur l'adultère, sur les rapports des enfants et des parents, sur la plaie de la prostitution, des phrases qu'il était néces-

saire qu'une bouche humaine jetât à cette époque. »
(P. Bourget, Essais de psychologie).

Je n'ai point, ici, à entrer dans l'analyse de l'œuvre ;
il me suffit d'en indiquer les grandes lignes : elle
reste originale, elle dénote, tour à tour, la fécondité
du génie, la générosité de la révolte, un amour roman-
tique de la liberté, un superbe mépris des médiocres,
un esprit impitoyable aux sots et cette supériorité qui
n'appartient qu'aux novateurs.

On ne sembla y trouver, d'abord, que l'expression
d'un beau tempérament de moraliste, de prosélyte,
même, et les adeptes « du droit au bonheur » se la
disputèrent avec les polémistes. La thèse prima l'inspi-
ration et ralentit le mouvement scénique. Alors, parut
La Visite de Noces. *Cet acte impitoyable, vivant,*
malgré un dernier reste de solennité apparente — qui
semblait faire mouvoir des créatures essentiellement
modernes, de tous temps, au milieu d'un mobilier un
peu vieilli — régénéra le caractère de l'œuvre et ouvrit
les portes à l'étude de la vie privée.

Dorénavant, le moraliste avait acquis le droit
d'entrer dans la maison, de s'installer au foyer, non
plus en parasite importun, mais en hôte indispen-
sable à l'harmonie de l'existence. Il essaya bien, quel-
que temps encore, de morigéner ceux qui l'avaient

admis, d'abord, à contre-cœur et qui avaient fini par le prier de rester. Peu à peu, acclimaté par ceux qui le recevaient, bourru, pour ménager son caractère, dont il ne se sentait point d'humeur à transformer l'allure batailleuse, il se modifia : on l'entendit moins pérorer ; on le vit plus attentif : il était là, mais se manifestait avec plus de réserve extérieure, dans ses attitudes ; il riait peu, son sourire n'était point doux et une expression amère bridait les traits de son visage. On le rencontra, un jour, dans un ménage des plus parisiens et, comme on demandait le nom de cet homme, qui frappait par l'acuité de son regard, la précision de son geste tranchant et ses réparties vives et cruelles, on nomma Henry Becque.

La vie vraie, la vie intime, avec ses dessous baignés de pénombres, avec ses subtilités agressives, avec ses conflits d'intérêts quotidiens et de passions mesquines, affluait, comme un courant qui trace un sillage au milieu des flots et entraîne l'esquif qui se balance sur les vagues. L'évolution fut rapide ; un coup de baguette, sec, cassant, l'avait provoquée ; on ne se rendit pas compte, au début, de l'évènement littéraire qui venait de se produire ; on fut ingrat pour le contemporain, ainsi qu'il est d'usage de se montrer pour les originaux. On l'avait été pour Dumas fils ;

on le fut pour Becque. Le premier, du moins, obtint des compensations durant sa vie et domina de toute son autorité ; on ne se hasarda à l'attaquer que lorsqu'il eut cessé d'exister ; il connut, plus ou moins, l'ingratitude posthume, mais il ne put être diminué et resta solidement debout sur son socle, tandis qu'il fallut la mort pour monter Becque sur son piédestal. Alors, on découvrit son œuvre, dont quelques-uns avaient pressenti la portée. Ses amis de la première heure, qui l'avaient soutenu dans cette destinée âpre et rude, l'avaient gardé pour cette réhabilitation éclatante et justice lui fut enfin rendue. Henry Becque, qui possédait la science d'Émile Augier et le regard de Dumas fils, passa maître à son tour, sans être jamais despote.

S'il est le premier de son espèce, il en reste aussi le seul. Les auteurs qui, après lui, abordèrent les idées qu'il avait déterrées, y consacrèrent leur esprit, et, surtout, leurs souffrances personnelles. Becque leur avait appris à traduire leurs épreuves et leurs expériences par l'art. Il avait donné la méthode ; la vie seule pouvait fournir les éléments nouveaux. Peut-être son action eût-elle été excessive, dans son amertume, et eût-elle amené une sécheresse sentimentale, exclusive de toute grâce et toute poésie, sans un revirement instinctif

*vers plus de douceur. En somme — pour ne pas re-
monter à Molière, qui fut l'ancêtre de cette famille,
dans ses ramifications les plus étendues — on peut
dire que Beaumarchais avait engagé les auteurs dramatiques dans la voie suivie par Augier et Dumas
fils et que Henry Becque orientait, en la continuant,
vers une nouvelle direction.*

⁎⁎

*Une sensibilité plus inquiète, plus légère — encore
que tout aussi réaliste dans ses effets — s'insinua
dans l'inspiration des auteurs attirés par les conflits
du cœur, plutôt que par les intérêts. L'exquis Marivaux en avait transmis le secret à Alfred de Musset.
On décréta le premier charmant, le considéra comme
un délicieux esprit superficiel et, après avoir fait, au
second, un apanage de ses dons lyriques et de ses élé-
gances d'homme du monde, on l'entraîna vers l'Opéra-
Comique, vers de gracieuses musiques, écrites sur sa
prose travestie.*

*Et, pourtant, à ne prendre que la langue
de Marivaux, qui nous semble maniérée, on est
transporté dans son époque, on y ressuscite, on s'y
meut, on croirait que notre âme a été costumée, elle
aussi, qu'elle a été faite pour ce déguisement et qu'elle*

s'y sent à l'aise. Il est « d'alors », de cet « aujour-
d'hui passé », il en est naturellement, par la manière
poudrée et par l'instinct. Que de répliques légères, de
mots avec lesquels les personnages s'amusent, ainsi qu'au
volant, qu'ils se renvoient, avec souplesse, et que de
sentiments délicats, avec lesquels ils jouent, comme
Marie-Antoinette avait joué à la fermière, au Petit-
Trianon.

Alfred de Musset remue la douleur qui succède à
l'épreuve. Son œuvre est trop liée à son destin pour
qu'elle n'en subisse pas les fluctuations, mais cette
variété même, cette ardeur, qui se sauve de l'amertume
par l'ironie ou par l'éloquence, cette profondeur qu'un
mot découvre et cette ingéniosité nous ont transmis ce
que le génie de Shakespeare pouvait inoculer de vital
au génie français. Il y a plus d'harmonie et, surtout,
infiniment plus de poésie dans telles scènes de prose
de Musset que dans telles manifestations du théâtre
en vers. Partout, il met en scène des créatures de chair
et de sang. Il les présente, sous le voile de la rêverie
ou avec la parure d'une toilette du soir ; elles sont
angoissées, fiévreuses, inconstantes et cruelles jusque
dans la passion. Elles séduisent par leurs travers,
voire par leurs vices. Cet idéalisme réaliste fait sur-
vivre au romantisme, dont il a été l'ornement, le

1*

théâtre d'Alfred de Musset et entretient, dans le nôtre, cette part d'imagination que je crois nécessaire à la description intime du cœur humain.

Qu'ils le veuillent ou non, la plupart des auteurs dramatiques contemporains qui ont analysé l'amour et y ont consacré leur œuvre, héritent un peu de Marivaux et d'Alfred de Musset, ne serait-ce que la distinction de la forme et l'horreur du mauvais goût et de la banalité.

J'entends bien l'objection : Marivaux et Alfred de Musset ont quelque chose de maniéré et réduisent leur sensibilité aux exigences d'une action objective, tandis que le théâtre d'amour n'use d'aucun procédé factice, remplace les faits artificiellement agencés par le frémissement des âmes et donne de l'importance aux détails, qui n'existent guère par eux-mêmes, mais qui ressortent avec un saisissant relief, en vertu d'un contraste incessamment entretenu. La même évolution s'est produite dans la peinture : autrefois, on dessinait un paysage conventionnel ; maintenant, la couleur le fait vibrer... On s'est aperçu — comme l'écrivait le poète Albert Mérat — que « la ligne n'existe pas » et l'on a interprété par l'opposition des tonalités le mystère qui rend la nature belle et parfaite. Ainsi des événements et des émotions. Une catastrophe peu *n'avoir qu'une répercussion très minime dans notre existence, tandis qu'un pauvre petit agacement peut la bouleverser. Chaque jour, nous lisons, dans les journaux, le récit d'un désastre lointain, qui nous émeut, certes ; nous en subissons de l'effroi, pendant quelques instants, puis nous nous distrayons. Cependant, un objet égaré, un léger malaise d'une personne qui nous est chère, une mauvaise humeur, causée par notre faute, troublent notre sérénité, la bouleversent quelquefois et entraînent des conséquences très disproportionnées avec l'objet qui les provoque.*

Un artiste, seul, réussit à découvrir le drame qui se dissimule derrière le sourire et l'amertume qui ne s'en va point avec des larmes ingénues ou des larmes de révolte. Il s'agit de bâtir l'œuvre, de reconstruire la vie, de nouer la crise et, ici, le problème est d'autant plus complexe qu'il oblige l'écrivain à nous montrer que nous sommes en scène, nous-mêmes, que ces personnages, qui évoluent sous nos yeux, ne sont que des reflets de notre âme.

⁎⁎⁎

Ainsi, peu à peu, les fictions tendent à disparaître. Et, pourtant, les fantoches sont exquis : la poésie semble les recueillir et je me demande, parfois, si cer-

taines inventions de la fantaisie — suprême refuge de
l'imagination au théâtre — ne naissent pas de la
famille créée par Meilhac et Halévy. La ronde joyeuse
que dansent leurs poupées vivantes s'achève en une sara-
bande éclatante de couleurs, au son d'un orchestre
allègre : des comparses s'en échappent, changent de
costumes et reviennent rajeunis par leur déguisement,
devant le public qui découvre une vague ressemblance
entre ces apparitions nouvelles et des figures évanouies
et entrevues naguère. Nous devons beaucoup à Meilhac
et Halévy : nous leur devons la grâce du rire. Une
nuance de mélancolie voile à peine leur jolie inspiration ; leurs filles ou nièces débutent sous d'heureux
auspices, et, doivent-elles mourir, leur infortune demeure aimable, comme un rayon du crépuscule de mai.
Le feu d'artifice recommence le soir même et lance des
gerbes de feu, de frêles étoiles scintillantes, que les
étoiles du ciel ne font point pâlir, pendant la seconde
où elles brillent. Il y a mieux : Meilhac et Halévy
— avec un procédé très différent de celui de Labiche,
qui est, au vaudeville, ce qu'est Emile Augier à la comédie de mœurs — ont réalisé des types, observés dans
la société de leur époque et qui se rencontrent encore
dans la nôtre ; ils ont éveillé l'attention et ils ont en-

traîné nos regards loin de la salle d'hôpital et de la cour des miracles pathologiques de l'âme, pour nous introduire dans un monde de bon aloi : on leur reproche d'avoir raillé « Les Dieux » et « l'Antiquité » : reproche-t-on, aujourd'hui, les attaques violentes contre les croyances ou les doctrines ? Ils avaient de l'esprit, de l'esprit à pleines mains, ils l'ont répandu : la moisson est riche et le regain peut faire la fortune des glaneurs ; c'est leur seul crime.

***

Dans ces lignes, je ne saurais remonter aux origines des auteurs dont il est question dans les pages qui suivent. Encore une fois, je n'ai parlé, dans ce volume, que des écrivains pour lesquels je me sentais une prédilection particulière et plusieurs noms manquent à ma collection. Je voudrais respecter leur caractère, leur puissance, leur délicatesse et leur sincérité. En évoquant ceux qui les ont précédés, je ne les condamne point à un atavisme fatal : je désire, simplement, rendre un hommage aux morts, aux aînés, qui ont été les maîtres et qui doivent prendre rang dans le cortège des bons ouvriers du théâtre français. Peu à peu l'horizon s'élargit : le drame intime conserve le trésor littéraire

du passé, la poésie et la forme pure ; cependant, quelques-uns vont vers les hauteurs ; leurs regards se
portent sur les foules qui grouillent, sur les faubourgs,
sur les quartiers perdus et le spectacle est étrange et
empoignant. Pourvu que le vertige n'aille point préci-
piter les audacieux du sommet de ce récif... Pour ceux-
là il vaudrait mieux ne point quitter la plaine...
Mais, certains, aussi, lèvent les yeux, interrogent la
nature et en découvrent les splendeurs.

Trop d'auteurs — au théâtre, comme ailleurs —
restent exclusivement préoccupés de l'idée de plaire. De
prime abord, ils asservissent leur inspiration au goût
d'un certain public et sont « moraux ou immoraux »,
selon les circonstances. Ceux-là ne sont pas et ne seront
jamais des artistes : ils ne savent pas être eux-mêmes
et c'est ainsi que la littérature dramatique mérite
d'être, parfois, appelée un « art inférieur ». Mais
les hommes indépendants et sensibles, qui professent le
respect de leur métier, sans souci de se voir catalo-
gués dans le genre qui secondera au mieux leurs
intérêts, savent que l'écrivain n'est pas un com-
merçant. Pour eux, toute poésie n'est pas morte et la
langue française, châtiée, limpide et riche leur offre
des ressources inépuisables, dans une constante recher-

che de perfection. A considérer les pièces qui ne jouissent que d'un triomphe factice et transitoire, on peut
témoigner de quelque sévérité ; l'avenir est là et les
couvre du suaire de l'oubli. Les vrais maîtres sont
ceux qui se survivent par leur œuvre.

Juillet 1910.   A.-E. S.

Henry Becque.

Henry Becque

Il convient, pour expliquer l'œuvre de l'écrivain, de se souvenir de l'existence d'Henry Becque. J'en retrace, ici, très brièvement, les étapes. Il nait à Paris en 1837 et, ses études au lycée Bonaparte achevées, il entre, successivement, en qualité d'employé, à la Compagnie du Nord et à la Chancellerie de la Légion d'honneur. La monotonie de ses journées régulières énerve son caractère curieux, actif et impatienté par la vie bureaucratique. Il lui faut du mouvement. Le voici commis d'agent de change ; il est assidu à la Bourse ; cette nouvelle occupation ne lui suffit pas : un prince russe le prend pour secrétaire particulier, et le charge, entre temps, de lui donner des leçons de littérature française.

Vers cette époque — en février 1867 — le pseudo-précepteur cède à la tentation d'écrire : il

compose un livret d'opéra, *Sardanapale,* dramatique, d'ailleurs, mais qu'il renie dans la suite, et
qui inspira le musicien Victor de Joncières. A
vrai dire, l'œuvre — je parle du texte — contient
quelques bons vers ; la trame est solide ; les développements sont un peu secs, avec du mouvement ; toutefois, les couplets paraissent moins
lyriques, que propres à figurer dans une pièce, à
la mode d'alors. Et bientôt, renonçant à cette
forme, il donne l'*Enfant prodigue,* un « vaudeville consciencieux », dira J.-J. Weiss, qui ne
semblera, d'abord, qu'une imitation d'Eugène
Labiche, mais dans lequel se dessinent, déjà, les
idées que le dramaturge reprendra désormais.
Michel Pauper parut « cynique et romantique ».
Hanté   par   des   arrière-pensées   de   politique,
Becque déclare lui-même « y avoir rassemblé,
autour d'une intrigue romanesque, tout ce que le
socialisme d'alors comportait de revendications ».
En 1870, le Vaudeville représente l'*Enlèvement,*
trois actes sur la séparation de corps ; ils n'obtin-
rent aucun succès et, désenchanté, l'auteur rentre
à la Bourse ; il faut vivre. Dans l'intervalle — la nature l'avait doté d'une humeur satirique, aiguisée
par les circonstances — de 1876 à 1888, il colla-

bore tour à tour, au *Peuple*, au *Henri IV*, au *Matin*, au *Gaulois*, à la *Revue illustrée*, au *Figaro*. Sa carrière lui révèle lentement et sûrement, dans toute l'étendue de leur avidité intégrale, les hommes, ses contemporains, guidés par leurs seuls intérêts, dépouillant les victimes, c'est-à-dire ceux qui n'osent ou ne savent pas exploiter leurs droits. Les *Corbeaux* furent conçus par la conscience la plus blessée, la plus exaspérée, dans un esprit de révolte ; point de thèse : il en a horreur ; point de réflexions inutiles : la réalité. « Qu'est-ce que cherche l'auteur ? explique-t-il, au lendemain de la réception d'Édouard Pailleron à l'Académie française, dans un article d'une rare acuité, à la découvrir (la réalité). Qu'est-ce que cherche le comédien ? A la représenter. Sans vérité, il n'y a pas d'art dramatique. » Vous savez quel fut le destin de cette œuvre, comment elle voyagea de scène en scène et comment Thierry la fit représenter, enfin, au Théâtre-Français : « L'instant le plus heureux de ma vie », déclare Henry Becque.

Dès lors, il occupe une place à part : sa personnalité — on voulut bien, dans un acte précédent, la *Navette* en voir poindre les lueurs, —

s'accuse définitivement. Becque a renversé certaines traditions, donné le sentiment de la formule nouvelle ; je dirai, tout à l'heure, par quels procédés. Il persiste, néanmoins, à écrire quelques strophes qui paraissent dans la *Revue illustrée* ; il note ses souvenirs dans deux volumes implacables, *Querelles littéraires* et *Souvenirs d'un auteur dramatique*. Déjà, il avait donné la *Parisienne* : elle surprit étrangement, la capricieuse créature ; J.-J. Weiss la molesta avec de terribles arguments universitaires et, de longues années après, M. Parigot — un normalien épris de critique dramatique — très méticuleux, très recherché, plus savant qu'il n'est artiste, dans un volume, *Le Théâtre d'hier*, écorcha l'épiderme sensible de l'écrivain de ces trois actes définitifs ; il le ménage, d'ailleurs, comme un adversaire dont on redoute le jeu, l'entraînement et la riposte ; mais il conclut que, dans son ensemble, cette œuvre est du théâtre démodé, mal composé, en somme : le présent donne tort à ces critiques.

Henry Becque écrivit encore un certain nombre de comédies qui ne furent point jouées, et qu'imprimèrent la *Revue de Paris* et la *Vie Parisienne*. Il venait de commencer le cinquième acte de ses *Polichinelles* quand la maladie se hâta de le prendre. Les jeunes hommes l'aimaient pour sa verve ; il étonnait par l'imprudence âpre et rude de ses propos. Il ne fut pas de l'Académie française et obtint, avec peine, la rosette d'officier de la Légion d'honneur. Il ne mourut pas même dans son domicile désordonné : il expira à Neuilly, dans une maison de santé, solitaire, entouré de rares amis, âgé de soixante-deux ans. « Il connut les fatigues de la vie », écrit M. Gustave Geoffroy, dans une forte et belle étude qu'il lui consacrait, alors ; il ajoute : « Il a méprisé l'argent. »

Depuis 1899, sa sépulture, abandonnée, s'écroulait. Antoine, qui avait réhabilité, avec quelle infatigable ardeur, son théâtre, voulut honorer sa mémoire et sauver cette place de l'oubli et de la destruction de la nature. On a élevé sur sa tombe, un monument à Henry Becque et les auteurs de l'avenir viendront y méditer sur ce talent probe, inégal, mais fidèle à la réalité, qui apporta à la littérature dramatique quelque chose de nouveau, dans son originale cruauté.

***

A vrai dire, de prime abord, on se demande

quel lien rattache entre elles ces pièces, d'apparence si dissemblables ; comment l'auteur de l'*Enfant prodigue* devint l'écrivain de la *Parisienne*. Suivez l'évolution de sa carrière, cherchez, parmi les heurts de l'ambition et de l'expérience, cette imagination réduite, encaissée par la nécessité et les exigences de la vie, voyez ce « révolutionnaire sentimental », comme il se définit lui-même. gêné par l'action, dans ses mouvements brusques, dans son esprit taquin, observez cette ironie qui se fait douloureuse, vous comprendrez cette inspiration qui commence par sourire des autres et qui finit par se railler elle-même : l'œuvre retrace l'histoire des sentiments de l'homme et ces sentiments s'agitent autour d'une seule souffrance : « J'ai connu aussi la grande blessure d'argent », écrit-il ; il accuse ses désirs orgueilleux, sans honte ; il se montre dur pour ses adversaires, autant qu'ils se montrèrent acharnés contre lui ; il abandonne la vaine éloquence, les plaintes inutiles : il souffre sans cesse, la « blessure » ne se cicatrisant jamais. Une crispation douloureuse ridait ce visage intelligent ; une nervosité subite contractait ses élans ; sa main se refusait à traduire autre chose que ses déceptions, et lorsqu'il riait, son rire n'offrait point le charme de la détente.

Henry Becque a écrit le théâtre de l'argent. Entendons-nous. Il n'a point, à la suite de Mercadet, recréé le type du financier. Il s'est contenté — et la tâche semble suffisamment vaste — de montrer le rôle de l'argent dans toute la vie sociale et, en particulier, dans la vie de ceux que la fortune a moins favorisés. L'argent — il le démontre — est la puissance, la grande, la seule puissance ; l'argent s'impose à la pensée des ambitieux ; il est indispensable aux moindres exigences ; il pèse sur la vie comme une fatalité. C'est pourquoi, dans toutes les pièces de Becque — j'en excepte *Sardanapale* — l'argent intervient au moment précis où les caractères se dessinent ; il les marque définitivement. Telle, dans l'*Enfant prodigue,* cette figure du philosophe boulevardier Chevillard, qui exprime les détresses d'un pauvre diable de raté. De quoi se plaint-il ? De l'argent. Ecoutez-le raisonner devant Théodore Bernardin, fraîchement débarqué de sa province : il révèle et prophétise l'existence à ce jeune homme en lui avouant un passé miséreux. Il arriva, lui aussi, à Paris, ébloui, en conquérant naïf : il avait de l'ar-

gent. Il l'a dépensé. Son père lui en a refusé
désormais : voilà ce que le manque de bien-être
a fait de lui... Est-ce la *Navette* ? Pourquoi donc
Antonia trompe-t-elle son amant ? Parce qu'il
détient « l'argent ». Bien plus, pourquoi Alfred,
qui d'abord forme le troisième personnage, l'heureux vainqueur, change-t-il brusquement d'attitude, si ce n'est parce qu'il prend officiellement
la place de son prédécesseur et qu'il aura « l'argent » ? Est-ce la *Parisienne* ? Mais suivez donc
Clotilde, dans son amoureuse perfidie. Ne s'oc-
cupera-t-elle pas sans cesse des projets de son
mari et ne cède-t-elle point, entre autres motifs,
à Simpson, pour faciliter la carrière de Du Mesnil ? De quoi parlent les époux entre eux ? D'argent. Le mariage est devenu une affaire ; l'argent,
le bien social entre deux créatures, qu'elles se
nomment amant ou maîtresse — Arthur et
Antonia, dans la *Navette* — ou mari et femme —
Clotilde et Du Mesnil, dans la *Parisienne*. Faut-il
citer encore *Michel Pauper* et les *Corbeaux*, dont
les sujets traitent exclusivement de la façon de
gagner le bonheur, par l'argent, et de le perdre,
faute d'argent ?

Et si l'on se demande pourquoi Henry Becque

aborda cette description, pourquoi, étouffant à
dessein, pourrait-on croire, une sensibilité deve-
nue maussade, il n'envisagea que cette partie des
vices de la société contemporaine, il faut en rechercher les origines dans des causes plus profondes et y reconnaître les secrètes ambitions
du bourgeois et les ignorances du petit spéculateur. Le véritable manipulateur d'argent apparaît
comme un spécialiste : le fils de famille juge à
travers les manuels d'économie politique, ensei-
gnée à la Faculté de droit. La *Bourse* et les termes
techniques de la finance deviennent autant de
réponses à donner, le cas échéant, dans un examen ; il ne les connaît que pour acquérir un diplôme, officiellement délivré. Quant aux connaissances pratiques, il s'en remet à la générosité ou à
l'expérience paternelles, il écoute les avis auto-
risés, et, plus tard, il fait des placements sûrs, à
petits intérêts, ne pénétrant dans les coulisses de
la finance que par l'intermédiaire d'un agent de
change. Il lui obéit en toute confiance : il s'effraie
de ses menaces, sourit à ses promesses. Il cède à
la tentation plus d'une fois, et se livre à une spé-
culation prudente, pense-t-il, se refusant à engager, au delà d'une certaine valeur, le minimum

d'un capital qui doit le rendre riche. Il s'impa-
tiente ; il s'agite. Quelquefois la chance le favo-
rise. Alors, l'avidité du gain l'exaspère ; lentement, ses meilleures qualités s'atrophient ; il perd
la sérénité de ses sentiments, soucieux de con-
sulter des cours, il voit de menus chiffres dont il
distingue mal la signification à travers ses transes
de joueur. Et quels sont les mobiles qui le font
agir ? Souvent, l'ambition d'accroître son bien-
être ou de satisfaire un caprice féminin. S'il
s'abandonne complètement à sa passion, s'il veut
la richesse, il se découvre parfois une vocation ;
il fréquente la Bourse, il établit des relations
avec des courtiers : il gagne ou perd avec la même
ténacité.

Becque, professionnellement, a vu affluer
autour de lui ces gens de toutes sortes. Il a dé-
mêlé, à travers leurs inexpériences du début,
l'instinct qui, plus tard, se tournera contre les
nouveaux venus. En affaires, il faut savoir sacrifier des victimes, de bonne foi, ou volontairement, oublier les sources des patrimoines sur lesquels on joue et ne point s'attendrir en vain ;
l'intérêt, en pareille matière, demeure supérieur à
toute autre considération. On reste honnête, sans

doute ; la force des choses rétablit l'équilibre, telle est cette loi morale.

Malheur aux ignorants ! Où le montre-t-il plus douloureusement, plus âprement que dans ces *Corbeaux*, histoire vraie, hélas ! de braves gens. Souvenez-vous de ce père, ancien et modeste employé, qui s'associe avec M. Tessier, l'aide à conquérir sa fortune, organise ses usines, lance des projets d'entreprises colossales. Il y gagne une existence ample et facile. Sa femme et ses enfants s'accoutument aux dépenses luxueuses. Les dettes semblent indispensables au fils, pour tenir une place honorable dans le monde. Le père meurt. L'héritage assure l'avenir... Non : il ne reste rien ; le père vivait sur ce qu'il gagnait ; l'idée du patrimoine n'entrait pas dans cet esprit de parvenu. Il spéculait sur son existence, escomptant les années qui lui restaient, certainement, pour donner une dot à ses filles et pour jouir, en repos, auprès de sa femme, de ses vieux jours. Et voilà une famille perdue : le fils, un incapable, s'engage ; il n'y a plus que des femmes en deuil, autour d'une procédure de succession compliquée, obscure. Les hommes d'affaires de toutes sortes exploitent les ignorances, par calcul, par métier, par besoin de

se nourrir, il sont les corbeaux rongeant les cadavres. L'une des filles demeure abandonnée par
son séducteur, son fiancé d'hier ; l'autre, vaguement artiste, erre dans l'incertitude ; la troisième,
seule, garde quelques traditions paternelles.
Sentimentale, guidée par son atavisme, mais avi-
sée, elle associe sa jeunesse à l'âge mûr du déplai-
sant vieillard Tessier : elle sauve la famille ;
voilà une affaire conclue, que l'on débat entre
soi, froidement. Quel symbole ! Il y a toujours
je ne sais quoi de louche, de troublant, de cho-
quant dans un contrat de cette nature, qui lie une
créature ignorante ou sensible à un personnage
retors et qui offre la protection de ses connaissances trop étendues des chenapans, pour défendre ces proies fragiles contre les voleurs. Ces
types, depuis le notaire Bourdon, jusqu'au cro-
quenotes Merklein, nous montrent ce que l'observation la plus rigoureuse a découvert d'âpreté
chez les êtres les plus bourgeois.

On reproche à Henry Becque de manquer de
sensibilité et l'on s'est plu à reconnaître dans son
œuvre une aridité, une sécheresse décevantes.
Que l'imagination n'ajoute rien à des données
fournies par l'expérience, j'en conviens ; j'avoue,

aussi, ne point trouver une excessive douceur dans ces caractères toujours en bataille et sur la défensive. Et, pourtant, dans cette même pièce des *Corbeaux*, ne devine-t-on pas une sorte de pitié qui plane sur chaque scène ? Sans doute, on ne va pas tout à fait jusqu'à l'attendrissement, mais on est empoigné par ces situations qui vous enserrent, qui ligottent la fantaisie ; ici l'émotion naît du thème, du sujet lui-même, pris dans son ensemble, plus qu'elle n'émane des personnages ; il nous inspire plus de « pitié ou de crainte » à cause de l'idée qui gravite auteur d'eux, que pour les événements dont ils sont les victimes ou pour la place qu'ils occupent dans le drame. Certaines répliques, néanmoins, remuent étrangement. Lorsque, toujours dans les *Corbeaux*, Marie hésite à souscrire à son mariage avec M. Tessier, que ses sentiments de jeune fille se révoltent à « conclure cette affaire », dans une scène rapide et courte, ses désirs ou ses résistances se tournent contre elle et elle consent au sacrifice. Sa mère, la brave Mme Vigneron — elle pleure et rit en femme du peuple — va se livrer à de longues protestations. Sa fille l'arrête : « Embrasse-moi et ne dis rien. » Dans ces seuls mots se dissimulent plus de pudeurs inavouées, plus de hontes et de tristesses, plus de sensibilité, que dans les cinq actes de *Michel Pauper*; cette phrase contenue, sobre, comme un geste discret, refoule au fond du cœur le flot des larmes de détresse... Marie appartient à un monde où l'on ne se plaint jamais.

Dans les *Honnêtes Femmes*, la raillerie est plus fine. Lambert se propose de devenir l'amant de Mme Chevalier. Elle l'écoute, décidée à écarter l'importun; il prend certaines paroles pour des avances, il s'aventure dans une déclaration... Mme Chevalier ne l'arrête que pour lui proposer en mariage sa petite filleule, honnête comme sa marraine. Ici, encore, d'ailleurs, le dialogue le plus net et le plus juste ramène l'éternelle question d'argent. Elle explique le caractère de Lambert et permet à Mme Chevalier de manifester la meilleure grâce de son esprit. L'apparition, à la fin de l'acte, de la jeune fille avec les enfants de sa marraine, qui forment un joli petit groupe de fraîche et frêle tendresse, met, dans le paysage de ces pensées, une note évocatrice de bontés et de caresses; c'est un contraste charmant avec les désirs que ces créatures ne comprennent pas et qui ont

tenté un instant Lambert et Mme Chevalier. Et
puis, surtout, c'est ce qui ne se dit pas, ce qui se
devine — l'inexprimé de ces êtres — qui sauve
cette comédie d'une banalité purement mondaine :
Lambert est un amant avide de nouveauté, le
charme de Mme Chevalier l'attire moins, peut-
être, que son honnêteté, dont il doute, d'ailleurs,
jusqu'à la fin ; nous en doutions presque au même
point que lui... Avec Henry Becque, sait-on où
l'on va, vers quelle âpre conclusion il nous con-
duira, quel abîme insondable, hérissé de ronces,
s'ouvrira au premier tournant ! Mme Chevalier ne
faiblit point ; elle demeure en harmonie avec son
existence et suit sa destinée : Lambert trouvera
des avantages dans une union qui lui assure un
avenir facile ; il aimera sa fiancée pour son caractère probe, souriant, pour cette droiture qui ne
séduit pas « les autres », mais qui gagne sûrement
le cœur d'un mari. Lambert se résignera à ce
bonheur calme, gardant pour lui seul la perversité
de son âme complexe.

Il fallait, en vérité, pour traiter ce sujet, pour
démêler dans des personnages qui se contentent
d'accomplir des actes très simples, sans aucun
artifice, une sensibilité rare, qui devinât « les

dessous » de ces caractères et qui les groupât, les forçant à s'exprimer dans des formules synthétiques, avec un naturel dramatique, sans artifice.

★★

Il reste bien certain que Henry Becque, dans ses débuts, sauf, peut-être, dans la *Navette,* a subi l'influence de ses prédécesseurs. Son style châtié, ses répliques brèves, certaines tournures de phrases, dénotent des réminiscences conscientes, ou non, des auteurs classiques.

L'*Enfant prodigue* ne rappelle pas seulement Eugène Labiche, par tels grossissements, par telles attitudes, par telles inventions, il évoque, aussi, comme une parodie d'Alexandre Dumas fils. Je n'en fais point un grief à l'écrivain de la *Parisienne :* à cette époque, il se cherche encore ; il commence seulement à souffrir ; le théâtre semble le distraire : il ne s'impose pas à lui. Il lui faut apprendre son métier. Par une intuition étrange, il dégage sa personnalité dans la *Navette.*

Point de désignations particulières des personnages qui vont y figurer : innovation hardie pour l'époque, ne l'oublions pas. Ces gens quelconques, cueillis au hasard, sont réunis là, autour d'une action si remplie, que, d'abord, elle semble imaginaire. On se demande, de prime abord, à quelle exagération va céder l'auteur. Il répudie ce qui n'est pas immédiatement et rigoureusement exact, et nous fait accepter ce concours de circonstances, favorables, trop favorables, n'est-ce pas, pour la démonstration de son idée — car il démontre, ne nous y trompons pas. Dans les *Corbeaux*, il développe une idée : l'héritage et la famille ; de même, dans la *Navette*, il raconte l'éternelle perfidie des amants. Dès lors, il accumule les arguments, il les presse, les condense, les étrangle dans cette succession de scènes et l'attention, hostile, d'abord, se livre peu à peu et reconnaît, sous cette apparence de fiction, la netteté de l'observation et la représentation de la vie vraie.

Antonia est la maîtresse d'Alfred. Qui, Alfred ? Un homme, cela suffit. Autoritaire et intéressée, ne s'amusant qu'avec « des patiences », elle ne permet pas à ce brave Alfred de placer un mot. Pourquoi ? C'est que là, derrière cette porte, se cache Arthur, l'ami de choix. On attend le départ de « l'autre » pour entrer en conversation. Alfred est « monsieur », le gêneur, celui que

l'on « carotte » ; Arthur, qui a de la dignité,
n'est-ce pas ? trouve cette situation intolérable :
il ne supporte plus « la tyrannie perpétuelle » de
ce personnage. Voilà une scène d'allure classique :
Arthur exprime aujourd'hui à Antonia ce qu'Alfred lui expliquait hier ; il commet la même
faute : « Il faut que je sois seul ou que je ne sois
plus. » Fort bien, — mais il faut vivre. Or, justement, depuis trois mois, Arthur est en deuil :
un oncle mort lui a laissé un héritage, une jolie
somme, dont Antonia trouve aussitôt l'emploi.
Donc, congé d'Alfred, entrée en ménage avec
Arthur. Il s'écrie : « Je ne regretterai pas mon
argent », car « les engagements onéreux » qu'il
contracte, lui créent « des droits ». Antonia ne
songe, d'abord, qu'à se rendre « au cimetière »
pour remercier le bon oncle ; puis on passera chez
les fournisseurs, régler quelques factures. Cependant, la domestique lui remet en cachette un billet
parfumé — des strophes lyriques — du jeune
Armand. Elles ne déplaisent point à Antonia ; elle
y songe vaguement, car, déjà, l'attitude d'Arthur
se modifie : il se montre cassant, despote ; elle
exige qu'il lui assure une rente viagère : l'argent
intervient. Ah ! pauvre Arthur, il a remplacé

Alfred, Armand lui succédera aussitôt : il arrive avec le toupet de l'homme qui se contente de « payer de sa personne » ; lui, ne se soucie pas d'Arthur : « Le jaloux, c'est l'autre » et, tout de suite, il écarte la question blessante de l'argent, qui est une cause de brouille entre les amants : on n'aime que ceux qui ne payent pas et que celles qui ne coûtent rien. Mais, voici Arthur qui rentre, désagréable, maussade : « Comme les hommes changent ! » pense Antonia. La conversation les ramène vers le passé ; on prononce le nom d'Alfred ; Arthur blâme sa maîtresse de sa conduite ; elle s'écrie : « Je ne l'ai jamais trompé » ; elle met une barrière entre eux : « L'amour est au-dessus de tous les arrangements du monde », puis, elle reprend son éternelle patience et les cartes s'entassent devant elle... Arthur partira-t-il ? Non. Alfred, congédié, revient : il faut cacher Arthur. Le voilà heureux : il reprend l'ancienne place... Oui, mais il faut aussi écarter Armand ; Arthur le regarde sortir et s'écrie : « Déjà ! » Alfred, reprend possession de ces lieux familiers. La bonne annonce « Monsieur » et, tranquille, sereine, Antonia le reçoit : « Je faisais des patiences en vous attendant. »

La rapidité des situations qui se succèdent, abrège les distances, un peu plus longues dans la réalité ; ici, les raccourcis communiquent à l'œuvre une intensité qui étonne et dont l'ironie frise parfois l'émotion. Tels encore certains personnages dans d'autres pièces : Chevillard et sa maîtresse ont vécu ces sortes de conflits. Lafont et Clotilde en sont enveloppés dans la *Parisienne*.

Je n'ai pas connu Henry Becque, mais il me semble le reconnaître, avec ses déceptions, ses amertumes et ses tristesses. « J'étais brutal et langoureux », écrit-il dans un sonnet qui murmure une plainte échappée à ce cœur résolu et tenace. Il y a de la souffrance, une souffrance aiguë dans ses récits d'amour : Henry Becque, à ce point de vue, est classique, encore ; sous le déguisement de ses personnages, il livre, dans chacun d'eux, un peu de lui-même, de son expérience, de sa rêverie, de son orgueil, de sa clairvoyance trop éprouvée.

⁎⁎⁎

« Nous sommes bien faibles, c'est vrai, avec celui qui nous plaît, mais nous revenons toujours à celui qui nous aime. »

Cette réflexion de moraliste, Clotilde — la petite Parisienne — la découvre, soudain, après sa dernière rupture avec Simpson. Et j'admire, dans cette œuvre — disons-le, ce chef-d'œuvre — la franchise de l'exposé des caractères, l'entrée brusque en matière : la pièce est posée dès les trois premières répliques, comme dans la *Visite de Noces*. Ce procédé nouveau de dialogue, empruntant son langage au langage courant, cette suppression du « raisonneur », enfin cette dureté, dans l'analyse, qui trouble, assure un peu de sympathie à ces personnages qui ne paraissent guère propres à toucher des sensibilités vraiment délicates. Vous savez trop ce que raconte la *Parisienne*, pour le rappeler : c'est l'histoire du déclin d'amour, du mépris sentimental de celui que l'on trompe trop aisément, la description aussi — la première — de l'intimité d'un ménage et la place occupée, malgré tout, par le mari, dans l'existence de la femme. Une Parisienne est futile, légère, inconstante, mais elle n'oublie point, pour cela, de gérer ses affaires avec adresse ; entre deux rendez-vous, elle s'occupe de la carrière de son mari : elle ne plaisante ni ne badine, lorsqu'il s'agit de choses sérieuses. Elle dupe Lafont, son amant ;

elle refuse de lui montrer une lettre insignifiante,
par coquetterie, par méchanceté, par instinct —
rappelez-vous ce début unique — elle le traite
presque en mari, à un tel point que l'on se demande, d'abord, s'il ne s'agit point d'une scène
conjugale ; elle irrite sa jalousie par des détails ;
elle ne lui rend aucun compte de ses faits et
gestes : elle lui laisse croire, enfin — et ceci est
admirable d'ingéniosité — qu'elle est la maîtresse
ou qu'elle va devenir la maîtresse d'un certain
Alfred Mercier, amant de l'une de ses amies, alors
qu'elle est éprise du jeune Simpson : nous le sau-
rons à la fin de la pièce, par une rupture déchi-
rante presque, brève, sèche comme une affaire
conclue. Du Mesnil, le mari, n'est pas plus sot
qu'un autre ; il connaît assez bien sa femme :
« Elle ne pourrait pas vivre en province. » Et
Clotilde lui ménage une sorte de considération
extérieure : il est le chef de la maison ; elle s'abrite
derrière lui, pour sauver ce qui reste d'une dignité, qui ne lui pèse guère, mais, surtout, pour
se défendre contre l'insupportable assiduité de Lafont. Elle simule avec lui le regret de sa faute ;
elle lui dit : « A demain », avec l'air d'une femme
résolue à ne le rencontrer jamais ; elle « a toujours

peur de le voir pleurer » ; elle est capricieuse et
le torture. Mais, avec quelle nervosité, quelle
adresse elle reprend ses positions ; elle donne des
arguments irréfutables : « Je ne sors jamais lorsque mon mari a de la peine », ce qui ne l'em-
pêche pas de le traiter de « Bovary », cependant
qu'elle soupire : « Je ne suis plus tranquille que
lorsqu'il est là ! »

Cette femme d'amour, après avoir rompu
avec Simpson, après l'épreuve de « celui qui plaît »,
après la blessure, légère, mais un peu cruelle,
néanmoins, reviendra à Lafont. Simpson lui par-
lait de ses panoplies ; instinctivement, elle le compare à Lafont : « Ce n'est pas vous qui parleriez
fusil avec une femme ! » Elle évoque les heures
écoulées ; le mensonge ne la trouble pas : elle
déclare qu'elle ne connaît guère ce Simpson, elle
oublie son nom... « un passant » ; elle ôte tout
scrupule à son mari : il peut le remercier du ser-
vice rendu ; et, lorsque Lafont l'interrogera, en
inquisiteur qui s'adoucit, elle ne lui reprochera
ni ses rancœurs, ni ses questions, ni ses assidui-
tés ; elle lui dira : « Vous n'aimez pas mon mari. » Et Lafont reprendra sa place à ce foyer, trop
sien pour qu'il s'en arrache jamais, et Du Mesnil

qui rentre, le raille sur son absence : une femme, sans doute, retenait Lafont loin d'ici ; pourquoi ? Clotilde explique tout : « Il était jaloux. » « La jalousie, s'écrie férocement Du Mesnil, c'est la privation, pas autre chose », et il conclut : « T'a-t-elle trompé ou non ? » Lafont ne le saura jamais. Lafont restera douloureux, et averti, bien qu'ignorant : il est le personnage principal de la pièce. Cette étude fouillée, rude, impitoyable, est une page déchirée aux confessions des cœurs lassés par les incessantes inquiétudes amoureuses.

⁂

Le théâtre de Becque — j'entends les *Corbeaux* et la *Parisienne* — a exercé, exerce encore, la plus grande influence. Toute une génération, désireuse de traduire la vie, succède à l'écrivain, d'Octave Mirbeau et Georges Ancey à Emile Fabre et Edmond Sée. C'est le même procédé rapide, le même tourment de l'esprit appliqué à dégager de la mêlée des intérêts ou des sentiments, le réalisme intégral, la situation réduite à sa donnée irréductible, le même style nerveux et la même plénitude hâtive des sensations. Becque qui, au début, use des moyens de son temps — ex-

positions épisodiques, monologues, digressions
et personnages secondaires — finit en réduisant
au strict nécessaire les créatures dont il trace les
contours ; il les détaille et les analyse, laissant entrer la vie du dehors, par la croisée ouverte sur
la rue, par la porte entrebâillée : nous sommes
nous-mêmes les acteurs de cette pièce, qui recommence sans cesse et qui a pour décor le grand
marché sentimental de Paris, comme son marché
de valeurs. De l'impulsion donnée aux idées dramatiques par Dumas fils, Henry Becque a su
recueillir la part directe qui demeure attachée
aux contemporains ; il a isolé les hommes dans
la masse montante, dans la marée indifférente et
redoutable où se noient les épaves de leurs désirs,
emportés du lointain horizon par le courant
et qui sombrent, en vue de la côte, contre une
roche déserte...

Son œuvre vivra par ce que lui-même y a mêlé
de ses propres instincts, de ses ambitions, de ses
amertumes. Il avait horreur d'une certaine bourgeoisie, de laquelle il sortait, horreur des finan-
ciers, parmi lesquels il a vécu ; on lui a pardonné
difficilement de les avoir stigmatisés par ses mots
implacables.

Aujourd'hui, après des années d'ingratitude, Henry Becque prend place parmi les classiques. Il ne le saura pas. Il ne verra point sa gloire, ce promeneur rationnel, qui méditait sur la dureté du monde, en errant d'un pas tranquille, et qui aurait, pour la première fois, souri d'un sourire plus paisible de vieillard rasséréné. Dans la lutte contemporaine, la lutte sanglante des passions, il est mort en combattant ; il repose dans la terre d'un champ de bataille, désormais à l'abri des oiseaux de proie. Ses blessures sont effacées par la poussière du destin qui rend tous les hommes pareils, les heureux et les infortunés. Je songe, par contrecoup, devant l'inquiétude de cette vie de labeur et l'amertume de ce cœur, à la parole de Pascal :

« Qu'une vie est belle lorsqu'elle commence par l'amour et qu'elle finit par l'ambition ! »

M. Paul Hervieu.

Paul Hervieu

—

A lire le théâtre de M. Paul Hervieu, on s'imagine, d'abord, que d'un seul mot, on en caractériserait la portée. Le sujet est exposé en quelques lignes ; il se développe avec vigueur et netteté ; la *thèse* est défendue ou attaquée avec des arguments puissants et rien d'inutile, aucun ornement extérieur ni superficiel, n'entrave les progrès. Prenons-y garde : cette œuvre ressemble à certains visages qui frappent par les traits saillants, les yeux larges et clairs, la bouche souriante ou mystérieusement close ; à l'examiner de plus près, la complexité des lignes habilement remises en place, la petite ride que, d'abord, on ne voit pas, les muscles qui tressaillent sous l'influence d'une impression nouvelle, modifient toute la physionomie : faute de l'avoir étudiée, confiant en son impression première, on se trompe sur la figure :

on n'en connaît qu'une seule expression, et c'est
de toutes ses expressions superposées que se, dégage la vraie.

M. Paul Hervieu, sans hésiter, croirait-on, abordait au théâtre des sujets hardis ; les lois — faites
par des inconnus pour des inconnus — justes, en
général, théoriquement, brutales et implacables, par
nécessité, ne tiennent nul compte des faiblesses senti-
mentales ; elles sont des formules applicables à tous ;
protectrices des droits de certains, des hommes, en
particulier, elles pèsent, implacables et lourdes,
sur les femmes. Déjà, de grands progrès ont réparé
quelques-unes des injustices trop criardes, mais
les sentiments les plus intimes, les plus profonds,
les plus sacrés chez des créatures nées et vivantes
pour l'amour, demeurent constamment lésés. En
un mot, les lois ont des répercussions imprévues ;
elles accablent l'individu. Il ne s'agit point, ici,
d'objecter de grands principes abstraits : les êtres
humains réclament par des cris d'angoisse et d'op-
pression. Soit, le législateur ne doit pas prêter une
oreille complaisante à toutes les réclamations
qui s'élèvent autour de lui, qui montent jusqu'à
son tribunal et se brisent contre la cloison du
cœur ; la raison sociale exige des victimes pour

le bon maintien de l'ordre et de la paix... Ce
ne sont là, bien souvent, que des mots qui
cachent des idées conventionnelles, étouffent les
plus nobles révoltes et les plus pures aspirations,
sous le mensonge autoritaire et l'égoïsme. Il ne
faut pas, attendri par une pitié équivoque,
compter avec les défaillances de la sensibilité,
ni les enchantements de l'âme, affirme le législateur : épargne-t-on l'ivrogne qui encombre la
voie publique ? Quelle femme ne répondrait,
ne pourrait répondre à cette froide argumentation, par le sanglot que lui arrache un souvenir,
par le cri de détresse d'un remords ou par la
douceur sereine que donne la droiture d'une
existence honnête ? L'amour — ne l'oublions
pas — s'affirme comme une force, la plus redoutable, la plus envahissante de l'humanité ;
l'amour pullule dans la foule ; elle guide le jouis-
seur, qui vient y chercher le plaisir, et secourt
l'ouvrier qui porte son enfant sur l'épaule, pour
que l'on ne l'écrase pas ; impulsive, on ne lui
résiste point : l'amour s'use tout seul, se brûlant
lui-même, et si, dans la douleur ou dans la
volupté, la victime s'affole, il ne faut point la
juger comme une créature saine d'esprit, respon-

sable et consciente, c'est-à-dire intéressée ou lâche : il convient que des pairs examinent son cas : les crimes d'amour deviennent, parfois, des actions sublimes ; l'étau social broie des membres meurtris par son étreinte et des âmes lésées... Il faut plus que de l'indulgence : il faut de la justice. La femme peut être faible au même titre que l'homme : et si, répudiée par l'honneur outragé ou l'orgueil froissé d'un mari, elle quitte le domicile conjugal, ses entrailles de mère n'en ont pas moins porté l'enfant que la loi lui arrache, parce qu'elle fut coupable de réclamer sa part de bonheur que la vie lui avait refusée.

Si M. Paul Hervieu se bornait à soulever des problèmes juridiques ou des paradoxes sociaux, il remporterait, sans doute, de brillants succès d'avocat. Toutefois on découvrirait trop vite la charpente osseuse de ce même mannequin que les sociologues imprudents et intempestifs agitent trop souvent devant les yeux ébahis des badauds... Eût-il même, comme son éminent confrère, M. Brieux, mis en scène, avec éloquence, des discussions soulevées par l'opinion publique et la conscience sociale, il passerait, avec les thèses qu'il développe, pour un révolutionnaire, un dé-

vastateur errant par les allées d'un parc dessiné à
la française. M. Paul Hervieu témoigne d'un
esprit trop fin et trop douloureux pour ne point
chercher dans une observation approfondie les
raisons de ses idées, sorties de l'expérience acquise,
habiles et fermes. Avant même de songer à opposer
la Société organisée à la Société souffrante, il
convenait de lire dans l'existence des autres, de se
promener à travers les sensibilités, les énervements, les cruautés, de voir, d'éprouver, de conclure. Quel regard, un peu habitué au monde, n'a
reconnu, parfois, sous le sourire de lèvres spirituelles, l'inquiétude d'une interrogation, d'une
peur amoureuse ? Les yeux étincelants, ne doi-
vent-ils pas leur éclat tremblant à cette légère
buée qui les couvre d'un voile limpide et qui, dès
que les importuns disparaissent, se transforme en
larmes ? Derrière les paroles banales, les souffrances intimes ne s'embusquent-elles pas, prêtes
à vous assaillir, dans la solitude ? Il plane sur le
monde une fatalité qui n'épargne aucune de ses
victimes : l'amour. Les sentiments les plus tendres, les plus forts, les plus purs — parce que
spontanés — se débattent, entraînés par la marée
trouble des conventions sociales.

***

M. Paul Hervieu s'est donné une éducation
sentimentale lente et sûre ; dans l'étude de la vie,
s'affirmèrent ses plus belles facultés d'action et
de travail : si pénible que soit sa méthode et si
cruel que soit son verdict, il ne dépasse point les
limites du vrai ; il reste une instruction éternellement ouverte dans le procès qu'il plaide : l'optimisme, qui serait de l'indifférence, ne saurait la
clore, et le pessimisme ne saurait ajouter à l'ac-
cumulation des dossiers.

La carrière, même, qu'il suivit, lui a offert des
occasions d'enrichir sa pensée. M. Paul Hervieu
naquit en 1857, dans les environs de Paris, mais
son père — il avait plus de quarante-cinq ans,
lorsque son fils vint au monde — était un Normand de la vallée d'Auge. M. Paul Hervieu appar-
tenait à une nombreuse famille, il était le cadet
de cinq frères. Il ne faudrait point chercher,
dans les origines de sa race, une influence
trop directe sur son esprit ; mais, comment ne verrais-je pas, dans les débuts de ce
jeune homme, destiné au commerce, qui obtient
de poursuivre ses études juridiques, qui, sans re-

lations très puissantes dans le monde des lettres et de la politique, de son plein gré, poussé par une ambition tenace, justifiée, d'ailleurs, entre au cabinet de M. de Freycinet, alors ministre des Travaux publics, le suit aux Affaires étrangères où il obtient le grade de secrétaire d'ambassade, comment ne verrais-je pas dans cette pensée de conquête de la vie, dans le discernement subtil et raisonné du choix de ses occupations, une hérédité du caractère normand, aventureux et pratique, imaginatif, mais réaliste, et doué de « ce flair » qui ne trompe pas ?... Et puis, cette apparence contenue, ce regard qui fouille, où passe soudain une tendresse, ne cachent-ils pas une nature ardente, discrète à se révéler, attentive, mais sincère ? Cependant — il n'aspirait, alors, qu'à des destinées administratives — il commençait à écrire. *Diogène le chien*, un premier livre où se reconnaît l'influence du maître Daudet, parut bientôt. D'autres volumes suivirent, *l'Exorcisée*, *l'Inconnu*, *Deux plaisanteries*, et, plus tard, une série de chroniques, *Choses de l'amour*, *Insinuations psychologiques*, *Curieux usages* qui, depuis, furent groupées dans la *Bêtise parisienne*.

Dès l'abord, il convient de reconnaître une

double tendance, l'étude immédiate et serrée du
monde, l'esprit critique lucide, mordant et le
goût du fantasque, de l'effroyable et l'inquiétante
hantise de notre destinée, comme dans *l'Inconnu*.
Toutefois, l'écrivain — qui cherche, encore, les
formules de son style — ne s'écartera point de la
vie ; il demeure attaché aux observations qui le
captivent : nul élément étranger n'ajoute du dramatique au drame moral qu'il décrit. Edgar Poë
ne domine pas ; d'une pensée rassie, d'une matu-
rité précoce, il poursuit, avec une haute conscience, sans s'égarer, presque sans imagination,
sa recherche ardue. La raison ressemble, ici, à
un fil d'Ariane tendu, fin, mais solide. Peut-être
l'impression douloureuse de sa première jeunesse
— il avait quatorze ans, lors de nos désastres —
ne fut-elle pas étrangère à cette inspiration tour
à tour triste et passionnée. « N'oserais-je pas si-
gnaler, écrit M. Abel Hermant, dans une belle
étude de *la Renaissance latine*, consacrée à M.
Paul Hervieu, que nul ne s'est trouvé mieux
placé pour subir cette influence, que nos aînés
prétendent avoir été dépressive sur nous, et que
je maintiens, moi, avoir été virilisante, qui nous
a donné du sérieux précoce, du positif, et une

conscience émue de solidarité sociale ? » Les débuts de l'auteur des *Tenailles* furent assurément graves et dénotent une sensibilité agitée, autant qu'âpre. Cette pensée, qui commence par des notations directes, qui découvre des conflits cruels, qui analyse, taille, coupe, en chirurgien qui fouille l'obscurité où se dissimulent les causes dont nous subissons les effets, aboutira, naturellement à l'œuvre synthétique et, on peut l'écrire, symbolique — peut-être pas toujours historiquement convaincante — *Théroigne de Méricourt*.

*
* *

On attendait, dès l'abord, le livre définitif de M. Paul Hervieu. Le contact et l'amitié d'Alphonse Daudet — titre de gloire pour un jeune écrivain — écartèrent, je gage, M. Paul Hervieu des conceptions systématiques. Lors de la première éclosion, sa curiosité s'éveillant, il ne vit guère d'autre spectacle que la foule commerçante ; jamais, ou presque jamais, ne s'assirent, autour de la table familiale, des avocats ou des écrivains ; les carrières libérales ne semblaient pas faites pour lui. La perspicacité sûre le conduisit. En pénétrant dans le « monde », ses regards, déjà exercés, y décou-

vrirent les mêmes instincts de cupidité, d'orgueil,
d'impatience de la fortune, qui s'étaient étalés
devant lui, naguère, et l'avaient écarté du commerce. Seulement, ici, hommes et femmes payaient
de leur personne. L'argent — éternel ferment de
la société — réclame des victimes, il cimente les
associations ; le contrat se conclut au prix des sa-
crifices les plus lourds : la dignité pour l'homme
et la pudeur pour la femme ; on ne respecte rien
quand on veut tenir sa place sur le grand marché
parisien. M. Henri Lavedan cingla les vaniteux,
costumés d'aristocratie, dans le *Prince d'Aurec* ;
M. Paul Hervieu creusa ses âmes durcies, les
fouilla, les mina sans parti-pris, sans colère et ce
fut l'*Armature*. C'est, peut-être, dans cette œuvre
que l'on sent le mieux l'influence exercée sur M.
Paul Hervieu par le génie de Becque.

Ce livre, puissant, donne un tableau d'ensemble.
Telles scènes, douloureuses et angoissantes, dé-
peignent, définitivement, certaines espèces de
gens, dans une certaine époque. Pourtant, l'individu, acteur et victime, se cache, souvent, et demeure moins mêlé aux évènements sociaux et à
leur répercussion générale. M. Paul Hervieu,
d'une main qui ne tremble pas, en trace les phy-

sionomies torturées, dans cette correspondance,
classique pour les amants de ce dernier demi-
siècle, et qui forme le volume *Peints par eux-
mêmes.*

Il semblait, tout au moins hardi, de prime
abord, d'entreprendre un roman par pure correspondance, dans cette forme épistolaire dite surannée; et puis, ne risquait-il pas de se perdre dans
des analyses trop subtiles, trop menues, trop
directes, dans des détails intéressants des person-
nalités secondaires ? *Les liaisons dangereuses* of-
fraient un précédent cher à l'écrivain : dans ces
pages de Laclos — il faut le reconnaître — se
sont accumulés la plupart des romans développés
plus tard. *Peints par eux-mêmes* reste, en dépit de
ce modèle, une œuvre originale et profonde.
Amère, tendre, cruelle, elle contient en germes
toutes les idées reprises ensuite par le dramaturge;
chaque lettre ramasse une action empoignante, et
elle progresse rapide, fiévreuse, haletante.

Il n'y a rien de surprenant, quand on a lu et
médité ces lettres, à ce que le romancier, doué d'un
esprit audacieux et fier, soit devenu auteur dramatique : une nuance sépare la forme du roman,
ainsi entendue, de celle du théâtre : il ne restait

plus qu'à choisir les scènes, qu'à les grouper, à
resserrer ces débordements tragiques dans les pro-
portions nécessaires.

*
* *

M. Paul Hervieu, au théâtre, n'aurait peut-être
pas réalisé son œuvre, si Dumas fils n'avait accou-
tumé le public à certaines formes dramatiques et
si Henri Becque n'avait pas éduqué les imagina-
tions romantiques des spectateurs. On peut demeurer personnel, tout en étant le disciple et le
successeur d'un maître. Alexandre Dumas fils, qu'il
est de mode, en ce temps, de diminuer, s'affirme,
bon gré mal gré, précurseur de nos contemporains.
Becque, lui-même, lui doit quelque chose. L'action de Dumas fils s'est ramifiée. Après lui, quelques
uns ont osé, se libérant de toute idée convenue,
s'attaquer directement aux scènes intimes et à la
vie privée ; ils ont pénétré les conflits des sentiments, les ont montrés aux prises avec eux-
mêmes.

M. Paul Hervieu a repris la question sociale au
point où l'avait laissée Dumas fils, qui ne trouvait
point naturelles les viscissitudes des humains. Le
décor, proposé par lui, parut donner un singulier

relief à des personnages de chair et de sang, lassés de leur attitude immuable ; la toile s'anime sous la lumière du dehors, lumière inévitable, irritante, qui éclaire le rire et les larmes ; la scène tourne au tragique ; le romantisme agonise ; les conclusions systématiques reculent ; l'existence poursuit son cours normal. Dumas fils, à sa façon, fut un novateur de génie. Ne le sortons pas de son époque et ne l'examinons pas, isolé, parmi ses successeurs ; replaçons-le dans son milieu, à son rang : nos contemporains nous y engagent.

Dans le théâtre de M. Paul Hervieu, remarquons la concentration et le rigorisme du développement ; dans ses romans, les suicides, le sang, les morts torturées ; dans ses pièces, l'étouffement, l'envoûtement : des créatures murées qui mourront de faim, de froid ; de la tragédie, en un mot, et de la tragédie contemporaine : la tragédie dans la vie. Après *Sans lendemain*, badin, et *les Paroles restent*, grave et cruelle leçon, nuancée de romantisme, *les Tenailles* et *la Loi de l'Homme*, l'éternel conflit de l'adultère et de ses conséquences ; mais, ici, les personnages s'énervent avec je ne sais quoi de passionné, dans l'amour, de persistant dans la volonté, d'égoïste, enfin, dans leurs protestations.

C'est « Le Monde », avec ses exigences, ses rudesses et ses chatoyants attraits, ses plaisirs. Evitera-t-on, dans ce cadre de la comédie qui se joue, à chaque heure, les pensées qui naissent spontanément ? Est-ce pour le pur caprice du goût que les tentures adoucissent les lumières, que les tapis étouffent les pas, que les meubles se dissimulent, comme un flirt de choses, au fond des embrasures pleines d'ombre ? Le feu meurt et rougeoie dans la cheminée ; les bruits du dehors arrivent atténués ; une clarté molle fait évaporer les parfums ; le divan sommeille... personne, pas un acteur en scène et, déjà, on sait qu'il ne peut se dérouler ici, qu'une pièce d'amour, parce que l'amour est fatal, l'éternel stimulant de tous les actes, de tous les gestes, de tous les regards : la seule préoccupation des humains réunis. « On ne mime pas l'amour impunément, écrit encore excellemment M. Abel Hermant, et il est rare que ceux qui s'aiment par jeu n'intéressent pas la partie jusqu'à s'aimer pour de bon. L'adultère est donc un devoir mondain, car on ne va pas dans le monde pour faire l'amour à sa femme, et on ne le peut faire qu'à la femme d'autrui. L'amour libre est la condition normale de la vie mondaine comme le mariage est le fondement de la société civile. Les salons ne sont et ne doivent être que des lieux de rendez-vous. »

Si M. Paul Hervieu se contentait de constater et de raconter ses impressions, son œuvre se bornerait à la vieille histoire — qui, toujours, remporte des succès d'argent et de public — mais il ne démasquerait pas la double existence amoureuse et sociale, sans cesse heurtée. L'aristocratie de ses héros — ils affectionnent, en général, la particule — ou leur titre universitaire, qui leur assure, de prime abord, quelque science, leur communique, peut-être, un peu de convenu, mais, d'autre part, dans les répliques, qui, toutes, font progresser l'action, ils s'accusent comme des types, accumulant, à la fois, en eux ce que sont les hommes et les femmes, dans la société, et ce que paraissent leurs rapports, mystérieusement devinés, aux spectateurs du dehors. *Les Tenailles* et *la Loi de l'Homme* restent, à ce point de vue, schématiques ; la succession rapide des scènes, où, comme l'écrit Racine, dans une de ses préfaces, « tout est dans l'extrême », la nécessité d'une épisode, rameau du drame paraissant à point, l'apparition d'un raisonneur, nécessaire au conflit — tel le commissaire dans *la Loi de l'Homme* — l'opinion exprimée par des confidents pusillanimes, rappellent les moyens employés par les anciens, avec l'intervention du peuple et les discours du chœur, entrant sur le théâtre. M. Paul Hervieu aborda ces sujets avec une franchise presque brutale : point de lyrisme inutile, une affaire à traiter, complexe, qu'il excelle à élucider. La jeune fille, enfin, sœur des ingénues de Pailleron, apporte la grâce de son sourire, à peine triste, et, déjà, le charme d'un égoïsme, prêt à sacrifier au bonheur qu'elle n'aura pas — qui sait ? — des affections torturées, douces, pourtant, qu'elle brise. Enfin, si peu influencé que l'écrivain l'ait été par les étrangers, je ne puis m'empêcher, en le lisant, de me rappeler certaines analogies avec Ibsen : même souci d'amplifier, de condenser, de tendre et de détendre les nerfs, d'éveiller la conscience, d'élargir l'horizon, de réduire à la mesure d'une donnée proposée toutes les idées ambiantes. L'auteur de *Nora* procède, lui aussi, par de petites scènes successives et chargées, qui font passer les âmes de leur rêve d'amour à leur souffrance personnelle, qui réduisent les illusions à des actes implacables. M. Paul Hervieu, je le répète, ne

subit nullement l'influence d'Ibsen, mais son
œuvre a une affinité morale, inconsciente, avec
celle du norvégien.

Le souci constant des conflits mondains a ins-
piré, de la sorte, des pages redoutables, mais il a
provoqué aussi chez certains auteurs des situations théâtrales qui, pour n'être pas moins possibles, me paraissent moins directement humaines.
Leur complexité scénique, l'adresse du métier ne
leur donnent pas cette profondeur qui est coutu-
mière à M. Paul Hervieu, comme dans *la Loi de
l'Homme*, *le Dédale*, *Connais-toi* et certaines parties
de l'*Enigme*.

*_**

Cependant le chef-d'œuvre de M. Paul Hervieu
n'obtint pas, auprès du grand public, le succès exceptionnel qu'il méritait. *La Course du Flambeau*,
noble et austère, devait émouvoir et faire penser·
Nulle concession au goût du jour, nulle défail-
lance ne gâtaient l'œuvre qui s'impose à la conscience, avec une autorité grave. Point d'artifice :
une grande idée philosophique ; une élaboration
lente et mûrie : les affections humaines vont vers
l'avenir, sacrifiant égoïstement, dans leur course

aveugle, aux créatures nouvellement nées, le respect et la reconnaissance dus à ceux qui leur ont
donné la vie. Trois générations de femmes sont
en présence : une aïeule, usée par l'âge, faible
déjà, avec le regard atténué, mais douée de principes rigides, toujours refroidis presque par le
souffle de la mort qui la frôle ; sa fille, malheureuse, qui voudrait encore trouver des illusions,
comme hésitante devant un renouveau de bonheur peut-être réalisable, et une enfant, insou-
ciante, qui souffre à peine d'un amour mal défini
encore, petite créature énervée par le printemps
de son âme et qui accapare toute la tendresse de
sa mère. C'est peu de sacrifier sa propre vie : une
mère n'hésite pas, lorsque déjà des douleurs ont
ébréché sa sensibilité ; mais, pour satisfaire l'impatient caprice de la fillette, affolée à l'idée de la
perdre, parce que cette pousse nouvelle, déjà sé-
parée d'elle et greffée sur l'arbre voisin, pointe et
tend vers l'avenir, la mère va jusqu'au crime, car
il faut que tout s'accomplisse pour que cette vie
nouvelle germe. En écoutant ces scènes qui étrei-
gnent, ces cris déchirants, en voyant ces mains
qui se crispent dans l'exaspération et la résistance,
on pense à quelque tragique de l'antiquité, au

décor du palais de pierre, aux robes traînantes, aux brutalités, au sang répandu ; ici, l'action s'achève dans la mort, mais la mort silencieuse : une artère qui se rompt, un cœur de vieille femme qui cesse de battre et, à ses côtés, une grande innocente, qui s'affaisse sous le poids de son crime d'amour. Puis, viendront les jours, les années : aïeule à son tour, cette mère apercevra sa propre fille en proie à la même frénésie apeurée, se débattant contre le courant qui l'entraîne. Enfin, le grand silence et le fleuve de la vie, aux ondes opaques, voilera de ses eaux rapides et indifférentes, les mortes, étendues au fond de son lit, tandis que des enfants se livreront à des babils innocents, sur ces rives fallacieuses...

⁎⁎

M. Paul Hervieu nous réserve encore trop d'œuvres nouvelles pour qu'il soit permis de conclure. On peut, cependant, affirmer que son théâtre et ses romans stigmatisent, par leur unité habile, l'empreinte de tout despotisme vulgaire, le mépris de l'utopie, la bataille contemporaine des audaces prisonnières et des amours bridées ; la poussière humaine qui cimente nos actes et nos pensées, s'effrite avec le temps et voile, soulevée à chaque pas, les regards de ceux qui veulent avancer : la limite qui s'impose à nos instincts eux-mêmes, n'est-elle pas une fatalité qui enserre toute aspiration et arrête la volonté ? Grâce à l'intransigeance d'un caractère sage, mais ardent, M. Paul Hervieu nous a rendu la tragédie : elle ne séjourne plus sur les sommets inaccessibles du sublime, elle ne se cache plus dans le maquis du mélodrame : elle plane, à la hauteur des yeux, et les battements du cœur ébranlent, à peine, l'air qui la supporte et l'environne.

M. Paul Hervieu n'est point un poète, ni un métaphysicien sensible : il n'a point ciselé le souple Tanagra du rêve et de l'amour ; il a sculpté la sévère et rigide statue de la réalité. L'écrivain qui observa *Peints par eux-mêmes,* qui pensa les *Paroles restent* et conçut *la Course du Flambeau,* a donné de son temps, une expression originale et profonde.

M. Émile Fabre.

M. Emile Fabre.

L'écrivain de la *Vie Publique*, de la *Rabouil-leuse* et de la *Maison d'argile*, est un des meil-leurs auteurs dramatiques contemporains. Il pos-sède cette vertu très rare de nos jours, et qui tend à disparaître insensiblement, il sait faire une comédie. Son œuvre, riche en observation, féconde en idées, d'un style noble, ne pouvait être élaborée que par une intelligence exercée à l'étude des hommes ; ses yeux ont prodigieuse-ment observé ; ses oreilles ont beaucoup écouté ; sa conscience a dû souffrir du spectacle parfois écœurant de la lutte des intérêts ; mais sa pensée est cultivée ; son entendement mesuré ; sa science précise et sa méthode sûre. Ses yeux, fatigués du tableau de la vie, se sont reposés, souvent, sur les toiles harmonieuses des maîtres italiens, sur les tons cuivrés et fauves des Flamands ; ils se sont

arrêtés aussi sur les groupements mystiques des
primitifs pieux ; ils ont savamment étudié les
compositions d'intérieurs et jusqu'aux conceptions hardies des maîtres modernes. Ses oreilles,
obsédées par le bruit des foules, ont entendu affluer vers elles les accords graves et sains de
Bach, la tempête de Beethoven ou les murmures
prodigieux de Wagner ; elles ont goûté les char-
mes des chansons agrestes, des vieilles musiques
et des rythmes badins. La vision des choses et
l'effluve sonore de la nature se marient, dans sa
pensée implacablement logique, nourrie des Grecs
et de Shakespeare, séduite par l'esprit contemporain et gagnée par l'âpre maîtrise de Becque.
Emile Fabre est né artiste. Tous ses écrits se res-
sentent de la culture intellectuelle qu'il s'est donnée et, aussi, de l'éducation esthétique que la vie
elle-même s'est plue à lui prodiguer.

Si l'œuvre, aujourd'hui, apparaît déjà pleine et
d'une rare vigueur, c'est que l'homme qui la
charpente sut y apporter toute la maîtrise d'un
caractère mâté par les jours et les heures de son
existence. Nul, moins que lui, ne semblait né
pour la carrière d'écrivain ; tout — exigences de
la vie, nécessités respectables et despotiques —

tout l'en éloignait ; en fait, tout devait l'y pous-
ser. Seulement, admirons ici une énergie extraor-
dinaire : aucun obstacle ne pouvait entraver la
marche hardie de sa vocation. Il demeura impassible, en apparence ; en réalité, il fut secoué,
ébranlé, bouleversé. Mais il est de la belle race
française qui ne désespère pas. Il a le plus pré-
cieux et le plus singulier mérite : il est patient.
La souffrance, la lutte constante, le doute ont été
pour lui les premiers maîtres. Ils lui ont apporté
des documents humains qui s'accumulaient, mais,
simultanément, se classaient dans son cerveau.
L'imagination méridionale se trouva prise entre
une curiosité sans cesse éveillée et une sensibilité
bridée par la réalité de l'existence. Je devine les
angoisses de ce cœur très doux, les affres de cette
conscience délicate, en même temps que s'affirmait en eux la douloureuse certitude que les intérêts révèlent les hommes sous leur vrai jour :
là apparaissent les cupidités avides, les passions
basses, les compromissions équivoques et, pires
qu'elles, les défaillances des âmes généreuses.
C'est déjà un lent acheminement vers la connaissance définitive de la collectivité. Le titre d'une de
ses pièces peut servir pour les autres : *La Vie*

Publique. Il l'a observée, en pâtissant par elle ;
il en a mesuré toutes les vaines séductions et toutes les mesquines vanités. Il en a compris surtout
la décevante médiocrité : des hommes qui n'ont
pas le temps de réfléchir, de penser, ni d'aimer,
des cœurs desséchés qui calculent, des cerveaux,
usés, avant de travailler, par l'ambition tenace et
des consciences atrophiées, et des projets tronqués,
et la misère du foyer et la misère morale dans le
monde, voilà ce qui devait frapper l'ardent et profond continuateur de Becque.

⁎⁎

Le théâtre d'Emile Fabre n'est pas un théâtre
de sentiments. Il est le théâtre de l'Intérêt : la
lutte sanglante de l'individu avec la foule ; l'en-
gloutissement d'une pauvre petite particularité humaine, dans une marée agitée et trouble. Mais, il
donne aussi l'expression définitive, dans une langue éloquente et plastique, de toutes les misères
dont souffre un pays, qui flotte entre l'asservisse-
ment à un despote, un homme, et l'assujettisse-
ment à une puissance infiniment changeante, la
masse du peuple. Au fond, c'est encore l'éternel
problème de l'argent ; la cupidité aux prises avec

la séduction de la richesse et l'ivresse de la Fortune.

***

Emile Fabre, tout jeune encore, à Paris, découvrit déjà de nombreuses apparitions du mal social qu'il décrit. Enfant, il s'échappe, aux heures libres, à la bibliothèque de la mairie ; il lit tout ce qu'il trouve, nourrit sa curiosité d'adolescent de conceptions shakespeariennes et balzaciennes. Plus tard, il part pour Marseille. Il reste plusieurs années attaché au cabinet d'affaires d'un avocat de la ville, une des intelligences les plus ouvertes, m'a-t-il dit, qu'il ait rencontrées. Il y compulse des dossiers ; il se mêle à la foule ; il se passionne, mais se modère et attend son heure. Comment, dans l'éclat de sa jeunesse, sa sensibilité fut-elle tout d'abord frappée par le spectacle du monde spéculateur ? C'est là un secret que nul — lui-même peut-être — ne saurait élucider. On ne sent point, à travers ses écrits, cette première blessure, qui ne se ferme jamais, et que la main cruelle et jolie de la première maîtresse déchire.

Les sentiments humains se tassent, s'apaisent

et l'on ne saurait dire quelle singulière influence
les impressions souvent contraires à leur inspiration exercent sur l'œuvre des écrivains. Emile
Fabre est le moins indifférent des hommes. Emule
d'Henry Becque, il apparaît moins âpre, moins
sec. Il y a de la pitié dans son théâtre, comme
une lointaine et grande douceur qui émane de sa
phrase lucide.

*
**

Ses débuts, tels qu'il m'en souvient, sont aussi
imprévus qu'intéressants. Emile Fabre ne connais-
sait personne dans le monde des lettres. Il avait,
je gage, écrit plusieurs pièces, dont aucune ne fut
représentée. Cependant, la dernière, qu'il venait
de terminer, l'encouragea à tenter une démarche.
André Antoine — fondant alors le Théâtre Libre
— reçut un beau matin, soigneusement emballé,
mis à la poste, recommandé, un des nombreux
manuscrits qui, déjà, envahissaient son cabinet
directorial. Il le lut et tout de suite. Quelle ne
fut pas la stupéfaction d'Emile Fabre en recevant,
quelques jours après, la réponse d'Antoine. Bientôt commencèrent les répétitions. Je vois d'ici
l'auteur débarquant à Paris, un peu surpris, un

peu sceptique, un peu timide, très personnel, très
tenace et suivant pas à pas l'éclosion de son œuvre. Elle eut un gros et légitime succès ; elle se
nommait l'*Argent*. Dès ce jour, Emile Fabre fut
reconnu pour un écrivain dramatique du plus
certain avenir.

Deux ans passèrent. La première pièce révé-
lait toute l'amertume de son observation. Vraie,
trop vraie, elle ne laissait aucune place, dans le
monde dépeint, à l'honnêteté ni à la droiture.
Est-ce un retour sur lui-même qui dicta, dès
lors, à Emile Fabre une nouvelle pensée ? Il
donna le *Bien d'autrui*, développant avec maîtrise et une infinie tristesse une pensée de Dide-
rot : « Il n'est permis à personne d'enfreindre les
lois, d'entrer dans la pensée des morts et de disposer du bien d'autrui. » Ici, encore, c'est le
spectacle de la rapacité des intérêts : le personnage principal de la pièce — un homme probe —
est renié par les siens ; il est presque utopiste,
parce que simplement honnête. Les œuvres précé-
dentes nous signalent un grand talent ; elles
se nommaient : *Comme ils sont tous*, comédie
en cinq actes, en prose, et *Le Lendemain*, un
acte en prose, aujourd'hui introuvables.

Puis, vinrent des mois de silence. Enfin, *La Vie Publique*, qui, cette fois, fut presque la gloire. Elle fut jouée à la Renaissance. L'honneur en revient au directeur d'alors, F. Gémier, qui mit en scène cette œuvre de premier ordre et qui la joua lui-même en grand artiste. Le succès fut retentissant pour l'auteur et pour l'interprète ; il se prolongea durant près de cent représentations. Il n'est pas de penseur qui n'en ait reconnu la profonde vérité, ni d'homme politique qui ne s'y soit plus ou moins retrouvé lui-même. Les amis d'Emile Fabre se plurent à reconnaître en lui un maître.

⁎⁎⁎

L'écrivain s'en revint habiter Paris, sur les mêmes hauteurs de Montmartre où s'était écoulée son enfance. Désormais son puissant talent lui assurait une vie indépendante : il triomphait de l'existence, avec discrétion et gloire. Vers cette époque, dans le commencement de mars, je le rencontrai, à l'entrée du Luxembourg, un dimanche après-midi. Il était grave et ironique ; une barbe noire, effilée, tombait sur une figure maigre, au teint vaguement mat ; un lorgnon s'arc-

boutait sur un petit nez droit et net ; les yeux,
bruns, observaient tout autour de lui ; les cheveux, un peu rares sur le front, glissaient derrière les oreilles ; il marchait lentement ; il par-
lait d'une voix un peu gutturale, avec l'accent du
midi.

Je compris en devenant son ami, comment s'é-
tait faite l'éducation de son cœur, de son intelligence et de sa pensée.

*
* *

Emile Fabre a écrit une tragédie antique admirable, *Timon d'Athènes*, qui fut représentée pour
la première fois en 1899, sur le théâtre des Va-
riétés de Marseille. *Timon d'Athènes* est bien une
tragédie. L'œuvre mérite pleinement cette appel-
lation par la majesté dans laquelle se drapent les
personnages, la noblesse avec laquelle se déroule l'action et, aussi, par l'éloquence du style.
L'auteur connaît sûrement les meilleurs écrivains
de la Grèce ; il les a compris et merveilleusement
adaptés à notre langue. Mais son *Timon d'Athènes*
n'eût été qu'un drame antique, s'il s'était borné à
raconter. Les tableaux qu'il montre et qui parlent
devant nous, sont d'une profonde humanité. Les

sentiments généraux seuls donnent ce caractère d'émotion et d'éternelle vérité aux œuvres d'art.

L'histoire de la pièce ? La guerre entre Athènes et Sparte, de 432 à 402. Au début — le Banquet — la griserie, la veulerie presque, d'un peuple certain de ses succès, triomphant avant la victoire, ébloui par l'éclat de ses armes, Timon d'Athènes, pompeusement étalé sur la soie et l'or, prodigue des bienfaits.

Les flatteurs l'environnent ; le luxe et le faste l'éblouissent jusque dans sa générosité, jusque dans les gaspillages. Il ne veut pas savoir si les hommes sont bons ou méchants : il veut ignorer jusqu'à ses illusions. Le jeune Alcibiade — chéri de la cité — promène sa beauté parmi les lits et les coupes et les femmes sourient à la splendeur du jeune héros. C'est dans ces conditions que l'on prend de graves décisions, qui engagent le salut de l'Etat : la guerre est déclarée par Timon lui-même, aux acclamations de la foule : les cris enivrés sont le sinistre présage de la défaite.

Rien n'est plus angoissant, d'un réalisme plus poignant que le second acte : La Peste d'Athènes.

Les jeunes corps de guerriers vigoureux jonchent le sol, les femmes éplorées poussent des cris de désespoir ; les vieillards sanglotent et les enfants abandonnés se cramponnent en vain aux socles des divinités en pierre. Timon a tout perdu : sa femme, ses enfants, sa fortune. C'est dans le désespoir et le deuil qu'il traîne des jours désolés. Il erre, parmi les cadavres. Nul ne l'écoute. Les prêtres eux-mêmes lui mentent ; les flatteurs ont disparu et des insulteurs grossiers se trouvent sur son chemin. Seul, Evagoras, le sage et le bon ami, ne l'abandonne pas. Il tente de le consoler : mais la raison ne peut rien contre le déchirement d'un cœur. La foule hurle : elle accuse Timon, Alcibiade, Périkles et c'est Aspasie, une femme — noble et grande figure — qui rappelle le peuple à ses devoirs. Mais, le peuple ne se possède plus. Il est flottant et l'on ignore s'il penche vers l'oligarchie despotique ou la démocratie. C'est la mort de la conscience qui jette son ombre sur ce peuple expirant.

Nous voici chez Aspasie. Alcibiade est revenu : il est le maître de la ville. La cité est rendue à l'illusion aveugle. Les dieux ne sont plus en honneur : leurs mystères sont violés. Et, parmi le peuple qui fuit devant lui, comme devant un

spectre, apparaît, transfiguré, Timon d'Athènes.
Il reste seul, avec Alcibiade. Ici l'œuvre tourne
dans une scène magistrale : assurément, c'est la
foule qui devient le personnage principal de la
pièce. Toute l'action gravite autour de l'homme,
mais l'homme n'est plus qu'un accident. Timon a
des hallucinations de désespoir, semblable à l'af-
famé qui n'ose prendre la nourriture dont il a
besoin. — « Reviens au pouvoir, lui crie Alcibiade ; reviens avec moi ! » Il développe son
projet d'audace juvénile, d'étrange et inconsciente intelligence. Timon doute : il connaît les
Athéniens :

« Comment, en peu de temps, prendre de l'as-
cendant sur eux ? C'est impossible.

ALCIBIADE. — Commence par leur proposer les
mesures qu'ils désirent en secret.

TIMON. — Je veux diriger la foule et non pas
être son esclave. Quoi ! me faudrait-il suivre les
avis de laboureurs, de matelots, de marchands de
bestiaux ou de grains ?

ALCIBIADE. — Libre à toi de mépriser chacun
d'eux en particulier, quand ils sont, en effet, laboureurs ignorants, matelots grossiers et com-

merçants enrichis. Réunis, ils deviennent le peuple que tu dois respecter. »

Ne nous y trompons pas : c'est le principe de l'oligarchie.

Le peuple n'est souverain que théoriquement. Son despotisme s'incarne en quelques hommes : ils devinent ses désirs et, exécuteurs de ses ambitions, ils confondent leur fortune avec celle de la nation. « Réussissons, s'écrie Alcibiade : on nous tressera des couronnes ». Peu à peu, Timon cède : un dernier accès d'humanité, puis l'orgueil l'emporte et, aussi, l'implacable désir de devenir le maître.

Que lui servit-il, à cet étrange et vrai Timon, d'avoir assisté à la perte d'Athènes ? Son cœur n'y a rencontré que des hostilités. Il y a vu des misérables expirants, et des misérables qui le reniaient. Désormais, son cœur durci n'est plus accessible aux sentiments généreux. Il ne veut plus être que le stratège et le négociateur des traités : *le Juste* a cédé la place à *l'Utile* ; c'est, 2ᵉ tableau du 3ᵉ acte, la prise de Mélos. — « Il est un principe abominable, peut-être, dira Timon, mais puisqu'ils règlent tous sur ce principe leur conduite, je serais bien fou de ne pas y conformer la mienne ». La conscience morale y perd ; l'homme public y gagne. Ecoutez la formule de sa politique. « Pour traiter les affaires humaines, on se base sur la justice quand les deux partis en sentent mutuellement l'utilité, sinon, les plus forts ont le droit d'imposer leurs lois, les faibles doivent les subir ». Et l'acte représente le tableau sanglant de la prise de la ville.

Ce même Timon reniera, enfin, jusqu'à sa propre conscience, sous le règne de l'Oligarchie. Dans une des plus belles scènes entre Evagoras, l'ami fidèle, et Timon égaré, grisé par sa puissance, on ne sait, en vérité, lequel est le plus à plaindre : du sage qui a des illusions sur les grands principes moraux ou du malheureux Timon qui n'en a que sur lui-même. A quelques instants de distance, vous l'entendrez, en discussion avec ses collègues, retrouvant les bribes de sa foi, mais vous sentirez aussi combien le torrent populaire l'entraîne loin. Il va falloir changer encore la constitution : l'oligarchie ne tient que victorieuse ; le peuple, alors, la flatte : avant tout, il veut rester le maître, c'est-à-dire chacun veut gouverner à sa guise et vivre selon ses caprices. La passion populaire est faite de passions individuelles qui se heurtent et, seule, la force ou l'intérêt les soumettent ou les mâtent. Timon va rétablir la démocratie : il sauve Athènes. La démocratie est débridée. Timon retombe en disgrâce et les ondulations de sa carrière montent comme d'énorme vagues, venues de loin, qui se brisent avec fracas sur des récifs impitoyables. Rien de plus effrayant — de plus shakespearien, en vérité — que l'assemblée dans le Pnyx et la condamnation des oligarches, puis les décisions, encore hâtives, mais, cette fois, prises dans la confusion de la délibération et le tumulte du désordre. La fin d'Athènes est proche.

Le dernier tableau est une grande page. La mort de Timon tient de la majesté et de la douleur : elle inspire, à la fois, cette *pitié* et cette *crainte*, sans laquelle, disaient nos pères, nulle tragédie ne semblait possible.

Timon, retiré dans un jardin, hors la ville, creuse sa tombe sous le figuier auquel il va se pendre. Il médite sur l'immortalité ou sur la fin définitive de la vie. Il est revenu, une fois pour toutes, des vaines satisfactions de la gloire et son âme, déçue et grandie par les épreuves, se repose presque dans le dégoût. Un esclave, son esclave, ne lui avouera-t-il pas qu'il était fils de roi et qu'il a servi sans se plaindre ? Timon, amer, ne croit plus aux aveux désintéressés... « Pourquoi n'as-tu pas gardé ton secret ?... C'est que tu souhaitais qu'il y en eût au moins un, qui, pendant un instant, t'admirât. Et tu n'as supporté avec une telle fermeté toutes les infortunes que pour te glorifier un jour de ton courage. »

Athènes fuit. C'est l'effarement. Un vieillard, combattant de Salamine, halluciné, évoque des souvenirs avant d'expirer : « Ah ! journée glorieuse, je revois ton soleil éclatant et ta rade étincelante et la multitude des vaisseaux barbares qui, au loin, couraient la mer. » Et Timon considère son cadavre et murmure : « Vieillard, te voilà mieux renseigné sur la vie, sur la mort, que tous les philosophes. Eh bien, dans ce pays nouveau où tu viens d'arriver, trouve-t-on, enfin, plus de justice qu'ici ? »

Ainsi, avant de mourir lui-même Timon assiste à la ruine de la cité qu'il a chérie. Le sentiment de l'équité le suit et le hante : la vie lui a montré l'incompatibilité de son besoin de justice et des nécessités de la politique et son destin sombre dans la désolation. Son âme fut belle,

belle comme Athènes, dont il fut une des person-
nifications ; sur les ruines de ses espérances, il
n'a semé que des ambitions stériles, ainsi qu'on
sèmera du chanvre sur les murs de la ville.
Timon s'écroule misérable, déchu, grand quand
même. « J'en ai vu assez dans Athènes », répond-
il à Evagoras qui veut l'entraîner. Puis, devant
le vainqueur outrecuidant, il monte sur son figuier
et, tout en attachant la corde fatale, il médite à
haute voix. Il condamne les hommes avides et
s'écrie, dans un dernier spasme de dégoût :
« Arrivez jusqu'au point que vous fassiez horreur à ce soleil même qui nous éclaire ; qu'un
jour enfin, jeté hors de sa route, il se précipite
sur vous et que ce monde, souillé par vos iniqui-
tés, par vos vices et par vos crimes, disparaisse
à tout jamais. »

Telles sont, en quelques mots, les grandes lignes
de cette belle tragédie.

⁎⁎

Il faut espérer qu'un jour, cependant, nous l'en-
tendrons toute entière, sur la seule scène qui
convienne à pareil spectacle : Le Théâtre Français. Elle y figurerait fort bien à côté des plus

nobles efforts de ce temps. M. Silvain, qui fut
un admirable Timon, à Marseille, reprendrait,
j'en suis certain, ce rôle avec joie ; il montrerait
que, diseur de vers parfait, une belle prose sonne
bien dans sa bouche. Mme Louise Silvain, per-
sonnifierait avec le même éclat la figure d'Aspasie.

Nous attendons Timon d'Athènes à la Comédie Française.

M. Georges de Porto-Riche.

M. Georges de Porto-Riche.

Lorsque la Comédie Française a repris *le Passé*, de M. Georges de Porto-Riche, ceux qui l'avaient entendu naguère à l'Odéon ont retrouvé la pièce avec une joie émue, dans la maison de Molière. Cette scène convient à cette œuvre douloureuse, spirituelle et sobre; les caractères en sont d'un dessin classique, d'une humanité souffrante, vibrante et éternelle, étudiés par un descendant de Racine, qui a lu la prose d'Alfred de Musset. Au fond, c'est l'image de la vie composée par un artiste. La langue est impeccable, précise, plastique.

Artiste, M. de Porto-Riche l'est pleinement. De tous les écrivains dramatiques contemporains, il l'est avec le plus d'harmonie, de charme; sa nature exquisement douée, savoureuse, ardente, semble s'épancher dans ses œuvres; elle s'y épanouit ; elle s'y affine ; elle s'y retrouve elle-même et chaque personnage qu'il cherche, chaque caractère qu'il découvre, tout être humain qu'il met en scène possède quelque chose d'étrangement vivant, de haletant presque ; les âmes battent, palpitent ; elles vivent très vite, s'apaisent, puis repartent, comme le cœur d'un homme poursuivi, traqué, qui aurait couru trop vite, qui arrive au but et trouve un refuge. Et tout, ici, conserve la simplicité des choses naturelles ; l'élégance est innée à cet écrivain de race : élégance de la pensée, élégance de l'expression.

⁂

La physionomie de M. Georges de Porto-Riche est caractéristique. Mince, pas très grand ; visage très fin ; nez arqué, un peu pointu ; une moustache en désordre lui barre la figure, avec deux pointes qui se relèvent naturellement, bouche à la fois spirituelle et un peu triste ; menton terminé par un ovale allongé ; front haut, bombé, chevelure souple, noire, mêlée de quelques fils blancs ; elle forme autour de sa tête, une sorte d'auréole sur laquelle se détache, avec une netteté impressionnante, cette face aristocratique où des yeux bruns, avides et un peu mélancoliques, semblent interroger la vie. La main est blanche, nerveuse ; des veines bleues y forment une saillie sous la peau sensible ; le geste est expressif, écartant avec horreur tout ce qui n'est pas d'un goût sûr, impeccablement juste dans son expression ; la voix est timbrée, mélodieuse par instants : les mots s'échappent, s'éparpillent, voltigent, s'entre-croisent, rattrapés au vol par un regard, un mouvement des doigts, une crispation imperceptible presque de la joue. Le sourire est rare, un de ces sourires discrets, infiniment ironiques et parfois indulgents. Point d'amertume dans ce visage souvent douloureux malgré lui, éclatant toujours d'intuition et d'amour terrestre.

Autour de lui, des meubles anciens ; un de ces canapés-lits où les rêveurs aiment à prendre les poses qui leur permettent de penser ; de menus objets ; un goût parfait préside à la disposition des livres ; c'est à la fois le cabinet de travail d'un savant sans pédantisme, et l'atelier d'un artiste parfaitement ordonné. Les manuscrits sont posés sur la table, soigneusement pliés et c'est à peine si quelque feuillet s'échappe de temps à autre, comme une des saillies vives de son dialogue : aussitôt, il retrouvera sa place et ne trompera jamais l'harmonie de l'ensemble... Sur la cheminée entourée d'armes anciennes et nobles, parmi des bibelots, la photographie d'un Renan qui sourit, et celle d'un Maupassant qui souffre, tandis que, appuyé contre un coffret, sur une petite table, Victor Hugo, es bras croisés sur la poitrine, sonde les profondeurs de son génie. Par la fenêtre, on voit les berges de la Seine ; le Paris élégant n'est pas loin de la maison de ce penseur artiste, de ce poète nerveux et tendre du *Bonheur manqué*.

La jolie demeure ! comme tout y révèle la recherche curieuse, active, l'horreur du « toc » ; la distinction règne sur les détails, le caprice sur la conception de la vie. M. de Porto-Riche, contemporain, éternellement jeune, est en coquetterie avec la beauté des temps éloignés. A le voir ainsi vêtu de noir, une cravate flottante sur son col, la rosette d'officier de la Légion d'honneur piquant une note claire sur cette silhouette sobre, la fumée d'une cigarette s'enfuyant en un jet très mince de ses lèvres, on pense à quelque seigneur qui serait fait orfèvre ès-lettres.

*_**

« En voilà pour dix ans ! » s'était écrié un critique célèbre en sortant de la première représentation d'*Amoureuse*. Après bien des déceptions, — pièces refusées à la Comédie Française, dont *la Chance de Françoise*, — l'éclatant succès de cette œuvre était la révélation définitive du talent de M. de Porto-Riche. Admirablement interprétée par M. Dumény — plus tard par M. Guitry — et par Mme Réjane, l'émotion des auditeurs était vraie : mais le critique, fidèle gardien des traditions, n'avait point poussé une exclamation vaine ; très justement, il avait compris ce que ce théâtre apportait d'imprévu, quelle révolution il allait opérer dans la conception même des œuvres à venir et quelle transformation du dialogue il en allait résulter.

Nous sortions de la longue période qu'Alexandre Dumas fils avait remplie du retentissant écho de ses paradoxes scéniques. Ce fils de romantique, fougueux, autoritaire, le plus rare des amis, le plus redoutable des adversaires, venait de donner une formule nouvelle au théâtre de France. Certes, trop habile faiseur de pièces, connaissant trop son métier pour se méprendre sur la portée d'une œuvre, il ne lâcha point la bride sur le cou de

ses thèses, et son génie logique, vigoureux et mé-
prisant, tenait en main son imagination, qui ne
demandait qu'à vagabonder. Il fut, il reste le plus
puissant des novateurs du théâtre contemporain.
Il découvrit, avec une ingéniosité étrange, des actions artificielles qui naissaient, semblait-il, de la
convention même des théories sociales étriquées,
et des articles restreints du Code. Puis, par un de
ces affranchissements imprévus, comme pour se
démontrer à lui-même qu'il connaît le monde et
afin que nul n'en pût douter, il trace d'une main
redoutable le portrait définitif de l'amant orgueilleux, insipide presque, et montre la femme révoltée par le dégoût d'un passé qu'elle renie. Nul,
mieux que lui, n'avait dit des choses plus justes
sur des créatures plus fausses : voici que *la Visite
de Noces*, un seul acte, et, plus tard, l'énigmatique
et jalouse *Francillon*, ouvrent aux psychologues le
champ inexploré d'une inspiration plus humaine,
plus complexe, peut-être moins amusante, au
sens que le vulgaire donne à ce mot, mais bien
plus artiste, plus immédiatement accessible. Il
marque un point de départ de la littérature dramatique. Il semble presque que Dumas fils ait
absorbé tout le passé et que son souffle ait reculé

les frontières de la fiction. M. Georges de Porto-Riche, lui-même, le reconnaîtra. Il est parent, tout au moins, de cet Alexandre Dumas fils que l'on aime plus encore qu'on ne l'admire. S'il laisse à d'autres le soin de traquer et de poursuivre la société et d'en faire le réquisitoire, parfois d'une haute éloquence, il y cherche la vie, la vie qui veut s'étendre, la vie en fermentation. Qu'importent les rigueurs d'un monde qui se limite et semble se renfermer à plaisir dans des formules trop étroites désormais : l'existence privée révèle mieux encore les mensonges au milieu desquels nous nous débattons que l'observation d'ensemble qui nous montre des paradoxes d'autant plus cruels qu'ils sont inévitables.

Le mari et la femme ne sont pas des entités juridiques : le mariage conserve à chacun ses passions, ses sens, son âme, ses infirmités ou sa noblesse ; la nature garde ses droits, et les serments échangés, s'ils lient la créature sociale, ne transforment point les êtres intimes. L'homme reste amant ; la femme veut être maîtresse. Voilà l'amour dans le ménage, voilà l'accouplement sur lequel la société et les conventions étendent un voile ; l'amour tué par l'excès d'amour, voilà

Amoureuse. Oh ! pas toute la pièce. Il reste, dans une grande œuvre comme celle-ci, ainsi que dans notre âme même, une part, la meilleure peut-être, qui se dérobe à toute analyse. C'est elle pourtant qu'il faut saisir ; M. de Porto-Riche nous y aidera.

*
**

Il est, pourrait-on dire, l'amant de ses pièces ; il choisit un sujet, comme on prend une maîtresse, il flatte ses caprices ; il s'abandonne à ses séductions et souffre de ses exigences ; il veut, dirait La Bruyère, « faire tout le bonheur, et, si cela ne se peut, tout le malheur de ce qu'il aime ». Il se donne à son sujet, passionnément ; il veut y mettre toute l'expérience de sa sensibilité subtile et savante, mais, aussi, un peu de ce qui dure, de son cœur. M. Jules Lemaître, en parlant d'*Amoureuse*, cette œuvre « nerveuse, inquiète, trépidante et douloureuse », dit que M. de Porto-Riche montre dans le docteur Fériaud « la haine de l'amour chez un homme qui connaît très bien l'amour » ; c'est comme une lassitude, chez cet homme à femmes, qui se marie après une liaison pot au-feu, et qui « compte être délivré de l'amour ». La « tendresse gloutonne » de son « épouse courtisane » l'irrite ; la voracité de l'amour lui fait horreur.

L'art, pour l'âme délicate, peut devenir plus redoutable encore. Les incessantes attaques qui troublent la pensée, qui répandent le doute et qui rendent les nerfs sensibles, excessivement, font de l'écrivain, épris de vivre, un sceptique avide de perfection, c'est-à-dire de vérité. La lente et mystérieuse torture des idées qui naissent, limpides, tout à coup, tout à coup évanouies, des mots qui chantent, des images qui se ternissent, puis le morne désenchantement des heures stériles, sont des épreuves qui envahissent la pensée et dessèchent parfois l'inspiration. D'un amour qui ne fut que passager, transitoire et voulu tel, il ne reste qu'un vestige dont on sourit, quand il reparaît dans le souvenir ; mais, d'un amour profond, il reste une blessure qui, cicatrisée même, ne s'efface point ; il suffit de se rappeler, d'évoquer un instant, si court soit-il, pour que le passé ressuscite et que le présent, tout entier, en soit empli douloureusement. C'est ainsi, me semble-t-il, que M. Georges de Porto-Riche aime ses sujets. Il en connaît, tout de suite, les séductions

6

faciles et devine aisément les affinités qui lui en assureraient la possession. Il veut davantage ; il veut une conquête plus stable, une liaison qui se prolonge.

Le théâtre, disait-on, est la représentation d'actions ; puis de grandes idées. La vie est une succession de petites actions, souvent peu dramatiques, mais qui déterminent dans les esprits des bouleversements : ainsi le théâtre est artificiel ; telle n'est point la vie et tel n'est point notre cœur. Ne pourrait-on remplacer l'action par la psychologie, en rendant intéressants les menus faits qui ont pour mobiles de grandes souffrances, au lieu de tracer, à grands coups, l'histoire d'actions gigantesques, accomplies par des personnages presque invraisemblables tant ils sont éloignés de nous ? C'est la nouveauté de ce théâtre : l'étude de l'âme y est faite par l'âme. Le sujet même de la pièce est moins captivant que ne sont prenants ceux qui l'exposent.

*
* *

Le théâtre, ainsi compris, veut une langue parfaite, originale et prompte. Le dialogue semblait être un moyen : un membre de phrase en appelait un autre, à des questions directes répondaient des phrases prévues et la pensée de l'auteur se substituant à celle des personnages, donnait quelque chose de convenu. Ici, au contraire, les répliques se succèdent, précises, légères. Tel personnage ne dira point ceci pour qu'on lui réponde cela : il suit son idée, tout en s'intéressant à la conversation générale : le dialogue en prend un éclat imprévu, un esprit d'une infinie séduction. La convention est remplacée par la réalité.

Et j'admire la méthode, encore, qui conduit les paroles, comme elle guide les caractères ; rien n'est perdu, rien n'est oiseux ; les comparses secondaires, « les utilités scéniques », sont assez consistants, assez aimables, parce que le procédé, d'une rare adresse, se cache sous l'intérêt des caractères. L'auteur, dès qu'il connaît son sujet, vit avec lui ; il note, au passage, les physionomies intellectuelles et physiques de ses créatures ; il prépare son terrain : il le laboure et, le jour où il l'ensemence, la pièce est faite : « il ne lui reste plus qu'à l'écrire ».

Il puise, alors, semble-t-il, à pleines mains, dans son esprit, il jette les graines fertiles ; un instant, elles forment un fin tamis, un voile qui s'éparpille, puis tombent avec un joli crépitement, sur le sol préparé pour les recevoir. L'éclosion se fait seule, par la force des choses, avec cette régularité de la nature, qui amène les saisons, les années et les siècles. La vie a chassé la méthode artificielle et la logique arbitraire. L'œuvre est rationnelle en vertu d'une belle harmonie d'inspiration et d'expression, forte de l'autorité mystérieuse d'une esthétique faite de l'observation et de l'amour de la vie, puissante à force d'intensité. L'œuvre de M. Georges de Porto-Riche s'est formée comme celle d'un musicien ; le motif directeur, souple, la cadence d'un rythme mélodieux, sont retenus par la profondeur d'une basse fondamentale émouvante.

***

M. de Porto-Riche n'est pas un symboliste. Il est poète : ce n'est pas la même chose... Il existe entre les sujets qu'il traite une noble parenté qui les rapproche, sans les rendre monotones... Françoise, dans *la Chance de Françoise*, est, tout au moins, de la même race que Germaine dans *Amoureuse*. Elle aime avec plus de résignation, plus d'adresse, et la réserve de sa tendresse, sa mélan-

colie exquise de poésie et de douleur contenues,
lui assurent, pour un instant, du moins, la fidélité
d'un mari, aimant, vénérant presque sa petite
femme, mais inconstant, par nature. Il sont dangereux, terriblement dangereux, les hommes de
ces pièces. Leur légèreté amoureuse est vraiment
délicieuse ; leur égoïsme est adorablement incons-
cient ; la morale bourgeoise veut qu'on les blâme ;
on ne saurait vraiment leur en vouloir... La
femme ou l'amante sont malheureuses, d'une jalousie haute, d'une belle tenue de passion, nobles
dans la révolte, touchantes dans le désespoir,
dignes jusque dans les erreurs de leur amour.
L'Infidèle, poème autant que drame, contient une
des éloquentes protestations contre l'absence de
sincérité de l'amour des écrivains ; et la pauvre
petite Vanina, qui se déguise, qui prend un
costume, pour mesurer l'amour de son amant
ingrat, mérite qu'on la chérisse autant qu'on la
plaint.

Un drame sous Philippe II ne manque pas
d'éloquence classique et les *Malefilâtre* cachent
une pénétrante philosophie sociale.

Enfin, l'idée plus large, plus générale du *Passé*,
plane sur la belle œuvre de M. de Porto-Riche.

6·

Le mensonge est une des nécessités les plus per-
fides de l'amour. En relisant la pièce on y retrouve l'effluve d'une âme solitaire, sur laquelle
les années ont jeté un peu d'ombre, mais qui
demeure, cependant, riche en tendresse ; ainsi,
souvent, dans les massifs abandonnés, embrous-
saillés d'arbres ou de lianes flexibles, se cache une
fleur élégante, semée là jadis, épargnée par le
temps : elle vit encore des sucs de ce sol malsain :
mais sa corolle pâle, un peu morbide, conserve
l'éternelle beauté des jours morts, où le soleil radieux du matin faisait miroiter la goutte
de rosée qui tremblait sur ses pétales orgueilleux...

*
* *

L'œuvre de M. Georges de Porto-Riche est
belle par la pensée et belle par la forme. Elle
émeut, elle trouble, elle séduit, elle est amoureuse. « Pour qu'une pièce porte, dit M. de Porto-
Riche, il faut que l'auteur y mette du cœur. »

Il y a mis toute sa sensibilité d'écrivain et
d'artiste.

M. Maurice Donnay.

M. Maurice Donnay

Il serait difficile de définir la personnalité de
M. Maurice Donnay d'un seul mot. Sa nature,
complexe, participe de la tendresse et de l'ironie.
On trouve, dans ce caractère, la logique d'une
intelligence de mathématicien et l'hésitation scru-
puleuse d'un homme qui se cherche lui-même ; de
la crédulité et de la gaminerie ; une tendance qui
l'entraîne vers des considérations générales, philo-
sophiques et sociales, et le badinage léger d'un
enfant de la grande ville ; il a lu les étrangers, mais
dans le quartier de la Madeleine, où il est né,
le bruissement de la cité soulignait d'un murmure
ses méditations ; il a de l'admiration pour les
génies d'outre-Rhin et de la Scandinavie ; il a aussi
le culte des ancêtres de la littérature française : il
habite le quartier de l'Europe, mais il est Parisien
dans l'âme.

M. Maurice Donnay a quitté une carrière pleine
de promesses, la voie tracée, nette, régulière,
pour suivre les chemins de traverse, les sentiers
cachés de la poésie et du théâtre. Sans doute,
Montmartre, où il débuta, pittoresque, alors presque inexploité, offrait la qualité d'un décor original et vivant. Depuis, la fréquentation des Apa-
ches, l'été, et des gens du monde, l'hiver, en
rend l'accès difficile aux bourgeois et impossible
aux artistes... Mais la butte connut les heures char-
mantes de la bonne gaieté, du rire éclatant, d'une
sorte de naïveté et de la « rosserie » instinctive,
— la seule vraie. Je gage que M. Maurice Donnay goûta, dans ses débuts, des joies savou-
reuses : il se délassait, il s'affranchissait de la méthode trop rigide qui entravait ses élans : il se
libérait de l'empreinte sociale qui le retenait. Il
avait connu, dès l'enfance, les ouvriers ; il se sentait, jusqu'alors, comme leur guide, un peu déjà
leur ami ; mais leur intimité, les passions de
leurs ambitions sourdes — écho du bruit des
machines qui se réveille, la nuit, — leurs existences, enfin, ne s'étaient point encore mêlées à
ses propres aspirations. Insensiblement, sa vie
libre dut évoquer les spectacles entrevus, les misè-

res devinées, un drame se dessinait, des figures s'animaient ; une association d'idées, claire, simple, mêlait au tableau « tous les autres », tous ceux qui n'ont point de part directe à notre existence, mais qui sont nos proches par la souffrance commune, l'espoir, la désillusion, tout ce qui s'agite, gronde, murmure, s'apaise et meurt dans notre âme. Les plaignait-il, les aimait-il ? Qui peut dire de quels sentiments est née la conception de cet artiste ?

M. Maurice Donnay a beaucoup éprouvé, assurément. Il a connu les admirations les plus sincères, celles qui exercent une influence sur toute la vie. Il ne songeait point encore au théâtre ; mais, déjà, le tourment de créer à son tour s'éveillait en lui. De tout ce qu'il apprit, de tout ce qu'il aima, de son intelligence et de ses peines, de son savoir et de ses distractions, il a tiré des observations qui ont cimenté son œuvre originale, légère et forte ; un don rare d'assimilation, une langue précise, une pensée éveillée et souriante, une divination des peines cachées et, surtout, la souplesse d'une âme vigoureuse et tendre, ont donné à son théâtre ce qu'il contient de vrai, de flou, de joli, de drôle, de spirituel, de mordant.

***

Ne nous méprenons pas sur la façon dont
M. Maurice Donnay envisage la société. Il ne
s'agit point, ici, d'une critique serrée de telle loi,
ni d'arguments techniques lancés, d'une main
sûre, contre tels ou tels abus. Il est infiniment
trop sensible pour systématiser de la sorte son
inspiration. Et puis, franchement, ce ne serait
pas la peine d'être sorti de l'Ecole centrale, pour
appliquer des procédés artificiels, quasi mécani-
ques, à l'art dramatique, le plus capricieux des
despotes. Sachons gré à l'écrivain de s'être, en
quelque sorte, recréé une nature ; d'avoir tenté de
dégager de son caractère même une personnalité
nouvelle ; d'avoir, en un mot, cherché l'artiste
sous l'homme et de le chercher encore avec une
inquiète et spirituelle angoisse. Mais, de même
que la pensée primitive s'agite parfois, sous l'inspiration ondoyante, de même la société palpite
sous les fictions de ses personnages. La société
est une forme de l'existence momentanée, locali-
sée, que subissent des êtres en chair et en os.
Elle est aux contemporains ce qu'est l'humanité
à la pensée qui poursuit, à travers les siècles, un

Dieu fuyant devant elle. Elle est l'humanité dé-
gagée de toute notion *à priori*, de toute généra-
lité insaisissable, — une « catégorie » de l'humanité, pourrait-on dire en jargon philosophique. Et c'est pourquoi les héros des pièces de
Donnay souffrent ou, s'ils ne souffrent pas, laissent une impression quasi triste. *Lysistrata,* elle-
même, si vaporeuse qu'elle soit, sourit avec trop
de satisfaction au « bouillant » Agathos, et Lycon,
l'époux faible, est trop étrangement et vraiment
excessif, pour qu'on n'éprouve pas quelque
vague souci, un je ne sais quoi de mélancolique,
de cruel, à travers cette fantaisie. On est plus
près de *Boubouroche*, — ce chef-d'œuvre de
Courteline, — que de la fantaisie de la *Belle
Hélène*. Maurice Donnay a trop le souci d'être
vrai, pour n'être point pessimisste jusque dans la
gaieté : elle forme un contraste saisissant entre ce
qui est, ce qu'il a voulu et ce qu'on ressent à
l'entendre ; l'œuvre est plaisante, mais l'imagination se voile sous les mots d'un réalisme mordant : l'œuvre est drôle et triste à la fois. C'est
la voix de Gavroche. Si Maurice Donnay avait
suivi sa première vocation, je gage qu'il eût conçu
le projet de quelque entreprise audacieuse et

légère. Il n'eut peut-être point réalisé son plan et l'on aurait dit de son projet ce que Eironès, le philosophe de *Lysistrata*, dit de la philosophie :

... Elle doit être une science souriante et fleurie. Je la comparerais volontiers à un ruisseau aux ondes claires coulant entre des rives gazonnées... Le philosophe est sur une rive, et ce qu'il veut démontrer est sur l'autre, et, pour traverser le ruisseau, son esprit subtil et léger saute sur des pierres blanches convenablement espacées, tel un jeune pâtre poursuivant son amante.

Eironès, vous êtes un indiscret : Maurice Donnay va se fâcher, — quelque peine qu'il en ressente, — mais vous abusez de la confiance qu'il vous a témoignée et voici que vous dévoilez la poésie de son âme pensive...

*_**

Ne cherchons point, vainement d'ailleurs, les procédés de Maurice Donnay. S'il connaît les raisons qui le déterminent à écrire une œuvre, s'il n'est point de ceux qui les codifient, ou qui les déduisent arbitrairement d'une donnée paradoxale, il voit, il entend : il s'abandonne à son inspiration et les scènes se succèdent en vertu d'une association d'idées, bien plus qu'en raison d'une logique implacable. De là, peut-être, cette première impression d'une vague incertitude, d'un tâtonnement, qui se précisent, tout à coup. Le va-et-vient de ses personnages, la fluctuation des idées, les propos échangés créent insensiblement une atmosphère qui vous transporte en pleine action. Puis, le bruit s'atténue : le milieu social défini, ou, du moins, décrit, le monde se retire ; il ne reste plus en présence que deux tourments, que deux âmes qui luttent. Cependant le murmure déjà lointain se devine encore et, sous la mélodie amoureuse, la basse fondamentale évoque les pensées les plus profondes et plus profondément humaines. Puis, tout s'apaise : cris, sanglots, reproches ; une accalmie se fait ; on étouffe un élan et, dans le silence, qui vient à peine, perçoit-on les dernières notes qui vibrent et meurent... Maurice Donnay n'a point trouvé une conclusion, mais une solution, ou, mieux, un arrangement, une résolution harmonieuse entre deux dissonances...

Est-ce la triste, l'inquiète *Georgette Lemeunier,* ou l'héroïne affolée du *Torrent,* ou Hélène Ardan, de la *Douloureuse,* il reste, en ces femmes, quelque chose d'encore inexploré : la mort, elle-même, ne

met ou ne mettrait pas fin à leurs déchirements,
parce que leurs peines appartiennent désormais à
tous ceux qui viennent d'en écouter la confidence.
Nous continuons l'œuvre après l'avoir entendue et
nous nous en revenons, accompagnés par un autre « moi » qui se défend contre l'ironie implacable ou la tristesse de son destin. Et, avec cela,
on sourit. Tous ces gens vivent dans le milieu
agité, qui s'amuse « pour de bon, » ; le monde
et sa morale sont, ici, très optimistes, parce que
très sceptiques ; il n'en est, d'ailleurs, que plus
cruel d'y retrouver des bribes de l'amour, de la
foi, de la droiture, de toute l'intimité souffrante
des sincères ; dès demain ils rentreront dans la
mêlée, pour regarder ceux qui viennent ; l'optimisme — ou l'esprit — ainsi entendu, voisine avec
l'indifférence et, peut-être l'amertume. Voyez
Éducation de Prince, il y flotte comme une brume
transparente, qui en atténue les tons éclatants.
Voici, encore, la puissante et pitoyable *Clairière*,
ou *Oiseaux de passage*, auxquels M. Lucien Des-
caves a apporté, en collaboration, son talent
d'âpre observation ; il reste, de ces tableaux, le
souvenir attristé de gaietées passées ou de passions éteintes ; si différentes qu'elles soient, toutes

les œuvres de M. Maurice Donnay sont parentes entre elles.

Enfin, plus poétique, *Amants* traduit toute l'inspiration de l'écrivain. Comment, même déçu, on se reprend à aimer ; comment l'amour trouble le cœur le plus droit, l'engage aux transactions, lui rend le mensonge facile, puis, avec quelle cruelle brutalité la vie le ressaisit, le foudroie ; enfin, comment on oublie, on se tasse, on rentre dans la longue théorie des amants assagis et domptés, telle m'apparaît l'aventure de Claudine et de Vétheuil. Claudine aime Vétheuil, certes ; mais sa passion n'est plus de la première jeunesse, de la toute première, de celle qui croit n'avoir plus d'illusions... Claudine sait qu'elle est passionnée ; elle sait qu'elle aimera Vétheuil passionnément ; elle n'a plus guère d'illusions, mais elle veut en avoir. Elle sait d'avance ce qui va arriver : elle le voit venir. Vétheuil est seul, il cherche, elle se trouve là : ils s'entendent. Oui, ils s'entendent sur ces mille détails, sur les riens, sur les intimités, les goûts, sur tout ce qui rapproche, mais ne *lie* pas définitivement. Ils s'attachent, parce qu'ils sont l'un et l'autre au moment précis où ils ont besoin de s'attacher, parce

qu'il le faut. Mais Claudine est mère et elle aime
son enfant, la précoce petite Denise, qu'on ne
voit presque jamais et qui est toujours présente.
Est-ce elle qui a pris de Claudine « ce qui dure »,
qui a transformé cette âme de femme en un cœur
de mère ? Assurément, elle n'aime plus Ruyseux :
il n'est que le père de son enfant. Elle l'estime,
et puis, elle a besoin de lui. Denise a fait de
cette liaison un mariage : Claudine — ne nous y
méprenons pas — commet un adultère.

Elle s'oppose et oppose à Vétheuil tous les arguments de la femme mariée ; elle vient à lui,
vaincue ; elle a l'imprudence craintive de l'épouse,
avec le romantisme de la maîtresse qui trompe
son amant ; elle a les délicatesses de l'amie et les
tourments de l'honnête femme. Elle a jusqu'à
des superstitions, ce qui, pour les amoureuses
d'une certaine race, équivaut à des remords. Oui,
des superstitions, — et cela est très naturel : la
lutte s'engage au fond d'elle-même, entre l'homme
qu'elle aime et son enfant ; seulement, le sentiment est plus noble dans l'espèce, car il est tout
d'instinct : aucune loi, aucune convention sociale
ne la rattachent à Denise. L'amour qu'elle ressent pour sa fille et sa passion pour Vétheuil par-

tent d'un même principe, d'un libre don d'elle-
même. Elle se retrouve dans son enfant; elle se
rajeunit, elle se fortifie et s'apaise : on ne règle
point les battements de son cœur et on ne se
maîtrise pas quand l'amour vous donne raison...
Cependant, écoutez-la; elle résiste à son amant,
parce que Denise est malade; elle l'écarte avec
douceur et par ces seuls mots :

«... Denise est souffrante, ce soir, et j'ai toujours peur que ce soit ma punition de t'aimer. »

Et Vétheuil obéit. Il aime Claudine, d'abord,
un peu, en homme léger; puis en homme mûr
qui se prête; bientôt vient la gêne, la situation
fausse de l'homme du monde, du galant homme,
« amant de cœur ».Il en souffre sincèrement; il veut
sa maîtresse à lui seul,—rien qu'à lui; il l'aime au
point,néanmoins,de ne pas en faire de griefs à Denise; à cause d'elle,Claudine refuse de rompre avec
Ruyseux. Cette situation devient cruelle, puis intolérable; encore si Ruyseux était un mari ! Insensiblement, avec les jours qui passent et qui appor-
tent sinon l'apaisement, du moins la réflexion
aux sentiments, Vétheuil trouve dans sa souffrance, de moins en moins sincère, comme une
raison avouable à un détachement qu'il sent né-

cessaire pour elle et pour lui. Quelques heures
de rêve en Italie, un moment où ils furent bien
l'un à l'autre, deux cœurs qui s'arrachent, un
grand cri de femme en détresse, enfin le linceul
du temps recouvre les dépouilles de ce qui a été
leur amour... C'est une sorte de résurrection, ce
retour de Vétheuil, après plusieurs années d'absence ; j'imagine que le long sommeil de ces deux
cœurs a engourdi leur sensibilité ; quelques mots
échangés, à peine des reproches, des regrets, des
plaintes affaiblies, et la résignation vient et demeure comme une glorieuse cicatrice... Vétheuil
se marie. Il a raison ; c'est une fin pour ceux qui
n'y voient point un commencement, et Claudine
consent à devenir tout à fait et socialement l'honnête femme que présageait son cœur d'amante...

L'œuvre de Maurice Donnay, féconde et caress-
sante à l'ironie mystérieuse du cœur, exquise
avec l'*Affranchie* par exemple, et romanesque avec
l'*Autre danger*, s'élargit parfois et, demeurant fidèle à son principe — la description des caractères — aborde et pose des problèmes qui minent
notre époque. Le jour, où continuant à sourire
par élégance, le délicat écrivain songea au *Retour
de Jérusalem*, il ne dressa point un réquisitoire

arbitraire contre une partie de la société ; il protesta, par un revirement instinctif de sa sensibilité française et atavique, contre l'ingérence cosmopolite et les procédés subtils de démolition employés par une race, notre hôte, qui prétend dominer une patrie et la détraquer, comme un amant irritable et versatile. Cette fois, l'acuité de l'observation pénétrait la conscience : on protesta, on tenta de tirer à soi, cette pensée qui n'avait rien d'une *thèse* et qui se contentait d'affirmer son indépendance. Le geste était noble et courageux. Il ne pouvait surprendre aucun de ceux qui connaissent Maurice Donnay et qui savent qu'il n'est point d'intuition plus vigilante que la sienne, ni de compassion plus exquise que celle qu'il témoigne aux heures où sa gloire pourrait lui faire oublier le deuil d'autrui.

₊

Sa personne est bien celle qui convient à son œuvre. Maurice Donnay est grand, avec des épaules larges, le geste est énergique et doux, le visage réfléchi, les cheveux noirs et crépus sont courts ; il parle lentement ; le front est haut et la petite moustache se dessine sur le menton malicieux ; il semble poursuivre quelque pensée un peu inquiète et, au fond, très simple ; il s'exprime en sceptique et en artiste. Ses préoccupations le mènent de la vie qui passe aux spéculations plus hautes qui survivent aux hommes éphémères ; ses propos s'égayent sur les vivants, s'attendrissent sur les choses qui meurent : il se montre parfois mystique...

Et j'ai cru découvrir, sous cette apparence parisienne, le souci d'une âme qui se cherche et qui ne trouvera de repos que dans l'harmonie des joies et des souffrances...

M. Jules Lemaître.

M. Jules Lemaître.

***

M. Jules Lemaître me semble, parmi ses contemporains, le critique dramatique le plus original, le plus exquis, le plus cultivé. Lorsqu'une œuvre menace de tomber dans l'oubli, on reprend ses *Impressions*, au style limpide et vigoureux et l'on y retrouve l'émotion de la première heure. Ne partagez-vous pas son goût, il faut que vous reconnaissiez à cette argumentation serrée ses vertus de saine dialectique, à cet esprit sa verve et son adresse, à ce langage sa pureté. Avec quelle légèreté, délicieusement méchante, il égratigne, quelle ironie il caresse, de quelle sensibilité il effleure le sujet qu'il examine ! Sa réflexion n'exclut point le sourire et son sourire ne défend point la mélancolie ; M. Jules Lemaître, très avisé mais très sceptique, cherche, à travers les autres, les mobiles qui troublent le cœur humain, il les découvre et les classe sans effort. Il sait être grave, sans pédanterie : il réussit à charmer, alors qu'il vous exécute.

C'est que M. Jules Lemaître ne se contente pas de prêter la maîtrise de son talent à la simple analyse d'une pièce. Il la raconte, mais à sa manière ; il procède par insinuations ; quelquefois il prépare son propre discours et substitue insensiblement, à ce qui est, ce qui devrait être ; à l'œuvre qu'il expose, le chef-d'œuvre souvent manqué qu'elle masque et, cela — il le prouve avec d'infinies précautions oratoires — parce que la plupart des auteurs dramatiques ne savent pas assez les ressources de la langue et de l'esprit français.

L'intelligence incisive pénètre très avant — trop avant au gré de certains — dans ces secrets. Le critique se promène, avec une parfaite aisance, parmi les dédales de créations et de végétations qui se multiplient. Il se fraie un chemin, écarte les broussailles ; sa mémoire se souvient parfaitement de toutes les sinuosités de la route parcourue et ses yeux jouissent de cet incomparable

avantage de voir clair, même dans les ténèbres.
Enfin, si quelque grincheux s'avise d'entraver sa
marche, en suscitant un obstacle imprévu, il ne
s'inquiète ni ne s'étonne : il s'y attend.

Or, il arriva qu'un jour, il voulut lui-même
écrire des pièces. Peut-être — je hasarde cette
opinion — rompu par une constante gymnastique
aux difficultés, estimait-il, dès l'abord, cette entreprise plus aisée qu'il ne se plaisait à le dire. En
somme, il s'agit tout simplement de poser une
situation, de la nouer, de la résoudre : l'artiste
doit observer cette division méthodique et classique, sans toutefois la considérer comme immuable, comme un moule dans lequel on verse n'importe quelle matière.

Un certain nombre de principes esthétiques
président à toute réalisation d'une œuvre quelconque. Mais l'artiste corrige fatalement par une
sorte d'angoisse, par une agitation de l'esprit,
une émotion, ce que l'intelligence ou la raison
établissent parfois un peu trop arbitrairement. Il
reste, dans toute tentative, une part intime qui
ne nous est point accessible, qui nous échappe,
qui nous fuit et que l'on sent, plutôt même qu'on
ne la devine, que l'on sait indispensable et que

l'on ne définit point. Il faudrait, à vrai dire, discerner les mobiles qui déterminent la conception première, atteindre, grâce à une intuition immédiate, ce que le jugement n'arrive pas à dégager... Il faudrait comprendre entièrement... alors — je le confesse — la critique ne serait plus possible, car l'on serait, par définition, d'accord avec l'auteur ; on ne pourrait considérer son œuvre que sous l'angle de sa propre vision et l'on serait obligé de la louer, sans réserve, car l'auteur, du moins, demeure le juge le plus indulgent de ce qu'il fait...

Donc, il ne suffit pas, pour réaliser une conception personnelle, de la triturer au gré des procédés observés chez les autres. Chaque esprit réclame non seulement sa formule personnelle, mais aussi sa méthode d'expression personnelle : on ne crée qu'à la condition de produire un type nouveau, une figure nouvelle, quitte à retrouver, dans le détail de ses traits, de lointaines et mystérieuses hérédités.

Je me demande enfin, après avoir relu le théâtre de M. Jules Lemaître, si cette intelligence supérieure, ce talent rare d'écrivain, ces dons exceptionnels de critique n'ont pas, dans une

certaine mesure, bridé cette sensibilité créatrice...
Il serait inutile, je pense, de louer ce théâtre
qui, à la grande satisfaction de tous les lettrés,
indistinctement, a retrouvé de grands, de légitimes
succès, des succès attendus avec *La Massière*, par
exemple, au théâtre de la Renaissance, et à l'Opéra
Comique avec le *Mariage de Télémaque*, que l'auteur refit en compagnie de M. Maurice Donnay.
Il est, cependant, utile de jeter un regard sur le
passé et d'essayer de fixer, en quelques traits généraux, le caractère des œuvres de M. Jules Lemaître.

*
* *

J'attache de l'importance à sa carrière littéraire
antérieure : je la résume brièvement.

Il est né le 27 avril 1853, à Vennecy dans le
Loiret. Ces régions du centre de la France conservent, dans leur ordonnance, la grâce majestueuse de l'ancienne époque. Vennecy n'est pas
loin d'Orléans ; c'est un canton de cinq ou six
cents habitants, dans une clairière de la forêt
d'Orléans. Ces contrées fluviales et harmonieuses
semblent laisser à leurs enfants le goût des lignes
pures et des horizons clairs. Elles sont parfaite-

ment françaises et ceux qui ont trouvé là leurs premières impressions de la nature, semblent prédestinés, entre les deux extrêmes de la patrie, au rôle mesuré d'arbitres de l'imagination inquiète du Nord et de l'exubérance entreprenante du Midi. La malice et le bon sens se rencontrent dans ces caractères, avec une facilité raisonnée d'assimilation, l'horreur du mauvais goût et le choix instinctif de la joliesse. Aussi bien, M. Jules Lemaître n'est-il pas le seul écrivain de sa race parmi ses confrères : il dut siéger, quelques années après sa naissance, à l'Académie française, auprès de M. Henri Lavedan, son compatriote.

La première éducation de l'auteur du *Pardon* fut confiée aux soins de la petite ville de Travers, près de Beaugency. Bientôt, il entre au petit séminaire de La Chapelle, à Saint-Mesmin, enfin, il achève ses études à Notre-Dame-des-Champs, de Paris. Vous savez, depuis, qu'il entra à l'Ecole normale, dès 1872, qu'il professa successivement au Havre, puis à la Faculté des lettres d'Alger, qu'on le nomma chargé de cours à Besançon et à Grenoble.

M. Jules Lemaître était un universitaire.

En 1885, il avait obtenu le titre de docteur

ès lettres, après soutenance brillante d'une thèse sur *la Comédie après Molière* et *le théâtre de Dancourt*. Dans l'intervalle, la critique le séduit : il débute, si je ne me trompe, à *la Revue Bleue* par une remarquable étude sur Gustave Flaubert ; la poésie aussi l'invite à exercer un talent souple d'adaptation et il publie deux volumes dans lesquels figurent des vers d'une philosophie sentimentale et réfléchie. Il chante juste, mais la vocation l'appelle ailleurs. Alors paraît le fameux article sur *Ernest Renan* qui classait définitivement Jules Lemaître ; là se nouent, ce me semble, dans l'esprit du critique ses dons et ses sentiments, là s'opère, sous l'influence de celui qu'il décrit et qui devient souvent son maître, « ce mélange de naïveté apparente et de scepticisme désenchanté qui va jusqu'au cynisme », comme l'a très bien écrit M. Philippe Berthelot.

Ce fut en 1886 que M. Jules Lemaître remplaça J.-J. Weiss dans son feuilleton dramatique au *Journal des Débats* : il nous donna, avec *les Contemporains*, les pages définitives des *Impressions de Théâtre*. Je ne dois pas oublier que M. Lemaître collaborait régulièrement au *Temps*, qu'il lui adressa ses petits « billets du matin » qui repo-

saient et instruisaient les graves lecteurs du plus
grand journal du soir... Nouvelliste, il publie
Serenus, l'histoire d'un martyr, dix contes ; romancier, *Les Rois* ; dans ce livre, il tente d'expliquer la mort mystérieuse d'un archiduc d'Autri-
che et, le sujet s'y prêtant, il le porte à la scène,
plus tard.

Au théâtre, il débute à l'Odéon en 1889, par
Révoltée, pièce dramatique, et continue par cet
étonnant *Député Leveau*, qui précède *Flipote*,
Mariage Blanc, *les Rois* et, en 1895, *le Pardon*.
Enfin le Gymnase représente, en 1897, l'*Aînée* ;
après plusieurs années d'interruption, la Renaissance a joué *la Massière*.

L'œuvre — jugez-en — est féconde, d'une
fécondité d'apparence très diverse, tour à tour
délicate et profonde, ironique et sincère. La raison
le dispute à une sorte de gaminerie intellectuelle.

A voir l'homme lui-même, on comprend mieux
quelle intelligence domine cette pensée. Il est de
taille moyenne, plutôt petit ; le visage est mince,
avec le pommettes saillantes et colorées ; les yeux
vous narguent d'un regard de myope, le front se
prolonge et les cheveux, gris, effleurent les oreilles
curieuses. La barbe, blanchie depuis peu, cache le

menton et la courte moustache dissimule les lèvres. Une cigarette éternelle y fume doucement ; parfois une main habile l'ôte d'un mouvement lent et Jules Lemaître parle d'une voix enjouée, s'accompagnant de gestes qui conservent je ne sais quoi d'onctueux et d'ecclésiastique. Il effraie, par l'implacable esprit, la mordante ironie, rivalisant avec des accents plus traînards de la parole ; il séduit par cette accueillante sensibilité qui conclut, sans étroitesse et qui — il vous intimide et l'on se trouble devant ce confesseur très laïque — découvre la formule que vous cherchiez si péniblement à travers vos explications confuses. Ingénument, on voudrait qu'il vous jugeât tout ensemble malin et spontané ; qu'il ne doutât ni de votre intelligence, ni de vos sentiments et il vous laisse aller au bout de votre idée, riant clair lorsqu'on se brouille par trop et vous rassurant aussitôt par un mot qui encourage...

★*★

Ses études et sa culture ont merveilleusement servi M. Jules Lemaître dans la critique. Il fallait cette connaissance méthodique, ce répertoire, ce vocabulaire, pour achever, dans sa pleine originalité, cette histoire de la pensée littéraire. Reconnaissons ce bienfait de l'Ecole normale et son empreinte : M. Jules Lemaître en profite et s'en dégage, à mesure qu'il pénètre dans la vie ; il promène son regard scrutateur sur le monde, il élimine, insensiblement, ce que peut avoir de théorique et d'étroit, le procédé jusqu'alors à son usage. Il s'humanise.

Lorsqu'il écrit une pièce — oserais-je le lui avouer — je me sens gêné par je ne sais quoi de convenu, de précisément théorique, — comme s'il n'avait pas vu toutes les faces du sujet ou qu'il y eût apporté, avec la finesse de son jugement, une méthode un peu universitaire, c'est-à-dire quelque chose de savant, de « très théâtre » et qui n'est pas toujours « dramatique » par lui-même, par la seule expression naturelle... L'intelligence est utile à l'artiste ; le goût indispensable à l'écrivain ; mais — je me le demande — ces deux vertus ne priment-elles pas une troisième, aussi indispensable dans l'espèce, l'imagination.

M. Jules Lemaître s'est attaqué à des idées, à des caractères, à des mœurs. Il apporte à leur étude une observation aiguë et une expérience douloureuse. Des problèmes humains, immédia-

tement humains, se posent : ils réclament une
solution humaine. La plupart des grandes passions de notre temps naissent au milieu d'actions
indifférentes et banales. Naguère, nos ancêtres,
ces Titans, inventaient des épisodes extraordi-
naires parmi lesquels leurs héros — dieux ou
surhommes — s'identifiaient peu à peu avec notre
propre sensibilité. L'attention du spectateur suit,
dans ces magistrales épopées, le déroulement de
la tragédie objective et supérieure : elle retentit
dans son cœur comme la tempête ou l'orage,
réveillant des peurs d'enfant, des superstitions,
des terreurs, des tendresses.., Puis — selon l'expression imagée de Corneille — « la muse chaussa
la cothurne plus bas » et l'on conçut, après l'a-
chèvement de l'évolution romantique, le drame
et la comédie de mœurs. Laissons à Emile Augier et à Alexandre Dumas fils la paternité des
chefs d'œuvre que leurs successeurs parfois ingrats
et dédaigneux du génie de l'auteur de la *Visite de
Noces*, réalisèrent après eux, quand la grande impulsion fut donnée, mais n'oublions pas l'harmonieuse élégance du langage et des sentiments
qu'Alfred de Musset — arrière-neveu de Marivaux — imposait à tous ceux qui s'en prenaient

à la sensibilité directement, et qui, sous le couvert de créatures fictives par le choix même de leurs sujets, allaient dévoiler les mystères de leur propre cœur et de leur âme.

Le théâtre ne vit pas sans action, d'accord ; mais pour maintenir l'unité d'action est-il nécessaire d'inventer des actions ? Voici, par exemple, la pièce de début de M. Jules Lemaître, *Révoltée*. Hélène est la femme d'un brave professeur de sciences qui l'adore, M. Rousseau. La médiocrité de sa situation l'exaspère ; elle en souffre ; elle souffre de la tendresse même dont on l'environne et qui réduit à une atmosphère banale ses ambitions et ses aspirations. Elle est incomprise : il manque à ce sage et douloureux Rousseau, un peu de légèreté, un peu d'adresse. Un benêt quelconque, M. de Brétigny, aura vite raison de cette âme de femme : il se présente. Or, Hélène, élevée mystérieusement dans un pensionnat religieux, est la fille de Mme de Voves, qui fut mariée et qui, de son mariage, eut un fils, André de Voves, mais qui eut aussi un amant, le père d'Hélène. Mme de Voves est terrifiée en voyant sa fille recommencer sa propre existence, misérablement cruelle, dont elle subit encore les meurtrissures inoubliables. Elle veut sauver sa fille, ou du moins l'empêcher de se perdre. Dans une conversation avec son fils André, elle se trahit ; comme André est un galant homme et un bon frère, il provoque Bretigny. De là, pendant l'attente du résultat de ce duel, explication entre la mère et la fille : Hélène n'a pas appris à aimer Mme de Voves ; la révélation la surprend plus qu'elle ne l'émeut. Rousseau, d'autre part, qui est, soit dit en passant, le personnage vrai et sympathique de l'œuvre, commence à se lasser de son rôle ; aussi bien, lorsqu'on rapportera André, blessé à mort par Brétigny, toute cette famille d'honnêtes gens se coalisera contre Hélène et l'accusera. La sympathie du public, hostile jusque-là, revient à la jeune femme et l'on admire André de Voves qui réconcilie, par un geste simple et noble, le mari et la femme, la fille et la mère. Comme tout ce que fait M. Jules Lemaître, cette pièce est d'une grande finesse, émouvante, par l'observation du caractère de Rousseau.

Mais *Révoltée* nous révèle, surtout, les procédés dramatiques de l'écrivain. Le titre indique clairement que l'intérêt gravite autour d'Hélène. Ne suffisait-il pas, dès lors, de poser ce caractère, de l'opposer, plutôt, à la nature de son mari, de nous dépeindre le milieu dont il est prisonnier ? Sans doute, on aurait, peut-être, reproché la monotonie de la forme, le manque d'épisodes et l'auteur eût été obligé de recourir à des subterfuges plus subtils, à des conversations bien oiseuses... que sais-je ? Il n'en reste pas moins vrai qu'Hélène et Rousseau sont des figures familières : nous les connaissons, nous les avons rencontrés et nous avons assisté, de loin, au spectacle de leur intimité. Hélène naquit, bel et bien, honnêtement, dans une famille bourgeoise ; son père ne meurt pas, très opportunément, en héros, officier de cavalerie, à la guerre : il vit toujours, il n'est pas le père légal et il a torturé la mère. Donc, Mme de Voves n'a pas besoin, pour trembler sur le sort de sa fille, de raconter cette naissance mystérieuse, ni d'inventer ce récit possible, mais exceptionnel : il lui suffit d'avoir souffert du mal qui menace son enfant pour justifier sa crainte et elle peut laisser échapper son secret devant son fils. Mais, alors, la scène part et continue entre eux : elle ne s'arrête pas, au moment même où elle va faire explosion ; nous n'apprenons pas à connaître Mme de Voves par des insinuations, à travers des

monologues : elle s'explique, parce qu'elle y est
forcée et que son mal déborde : son fils l'écoute
et demeure stupéfait et douloureux.

Dans l'étude du caractère, à la scène, le mouvement psychologique peut suppléer à la série des
actions, toujours plus ou moins arbitraires. Le
Théâtre d'Amour de Georges de Porto-Riche le
prouve. Mais, pour créer ce mouvement, il ne
suffit pas de lire clairement dans les pensées, il
faut les recréer. Or, si loin que porte un regard,
il s'arrête au premier obstacle qui lui cache l'horizon... Alors, l'imagination suppose, combine,
découvre et crée à son tour. Certes, les épisodes
amenés par M. Jules Lemaître, sont agencés de
manière heureuse, ils corsent à souhait la situation, mais, en somme, la situation se suffit à elle-
même.

**

Mais, voici *le Pardon*, trois actes pour trois
personnages, pour trois caractères et presque pour
trois cœurs ; je dis presque, car le cœur, à proprement s'exprimer, la sensibilité toute pure, réclame d'autres élans. Les sentiments se répondent,
se déduisent avec une merveilleuse logique pour

aboutir à une conséquence cruelle. Suzanne a
trompé Georges et Georges n'a pas voulu la re-
voir depuis le jour où il apprit la vérité. Suzanne
s'est réfugiée auprès de Thérèse ; elle lui confie sa
détresse ; Suzanne est raisonnable, mais elle sait
que son mari ne la rend pas heureuse autant
qu'elle le mériterait : il reste en elle quelque chose
d'inassouvi et elle interroge sa pénitente avec
curiosité. « C'est que tout s'enchaîne, lui explique
Suzanne, et qu'on glisse d'une faiblesse à une
autre, sans s'en apercevoir... Chaque pas qu'on
fait dans tout ce qui est défendu semble le premier pas. » Et elle avertit celle qui la conseille :
« Vois-tu, Thérèse, il ne faut pas commencer ;
cela seul dépend de nous ; le reste, non. » Et Thérèse comprend si bien Suzanne, qu'elle se charge
— la devinant encore éprise de son mari — de
négocier une réconciliation. Elle invoque, pour
convaincre Georges, les arguments les plus
adroits ; elle dépeint, elle commente le repentir
et la lassitude de Suzanne : « Tous les hommes
se ressemblent ou finissent un moment par se
ressembler. » Et elle prend, tout de suite, position, la position de la confidente du mari malheureux, celle devant qui l'on ne craint pas de mon-

trer ses faiblesses, celle qui vous encourage, vous dirige par une amitié très avertie ; celle dont on invoque toujours l'avis et qui ne gêne jamais : « Il n'y a que vous et moi qui le sachions », déclare-t-elle en parlant de l'aventure de Thérèse. Georges, il est vrai, ne songe pas à répliquer : et Suzanne ?... Il se contente de la compassion intelligente de Thérèse : déjà l'intérêt qu'elle lui inspire se substitue à sa rancune et le rend indulgent. Il a une belle action à accomplir, avec une grande jalousie inquiète et sourde qui monte. Mais, lorsqu'il demande à Thérèse — et il le lui demande comme suprême garantie — si elle est sûre de Suzanne, Thérèse le convainct définitivement, par cette réponse qui pose la pièce : « C'est de vous que je voudrais pouvoir répondre » et elle ajoute : « Il est plus aisé de se repentir que de pardonner », c'est-à-dire « de remettre la faute. » Cet entretien lie Georges et Thérèse... Et lorsqu'il revoit Suzanne, après un pardon solennel, on sent que l'existence reprend son cours interrompu, par des heurts successifs et que la diversion banale et voulue de l'entretien qui repart, les laisse stupéfaits et seuls...

Suzanne, cependant, ne cherche qu'à être heureuse. Georges est impatient et son intelligence n'est pas occupée. Bientôt, il réclamera des détails, il scrutera le passé, fouillera les souvenirs : le bonheur est brisé. Enfin, la chère confidente paraît : Thérèse paraît ; elle comprend, elle ; il peut, en lui parlant de Suzanne, parler de son propre tourment : il a tant besoin de parler de lui seul... Elle le gronde ; il s'écrie : « Pardonner c'est fait, mais oublier je ne veux pas » et il s'explique sur son amour pour sa femme, ce qui trouble Thérèse : elle est une confidente ; elle n'est pas un confesseur ; elle mesure fort aisément la portée du tourment de Suzanne ; elle a pu se reprendre au bonheur : « Nous n'avons pas votre talent de souffrir » et Georges découvre « qu'elle est la sagesse. » Il le lui dit : « C'est une femme comme vous qu'il m'aurait fallu. » Ils se rappellent que naguère, avant leur mariage, ils se sont plu l'un l'autre, et, descendant la pente douce des aveux, ils découvrent un ancien amour qui sommeille : ils se reverront... Si bien que, quand Suzanne rentre, elle trouve son mari transformé : il est plus tendre... autant qu'elle le fut pour lui lorsqu'elle le trompait. Et Suzanne s'inquiète... Elle trouve la voilette oubliée de

Thérèse et elle s'explique tout... Elle s'irrite et définit le rêve intime de Georges, qui se fâche un peu. Alors, seule, elle s'écrie, éplorée : « Hélas ! je l'aimais mieux, lorsqu'il était méchant ! »

Un mois se passe, Georges s'est aperçu, après expérience, qu'il n'aimait que Suzanne et Thérèse est jalouse. Il s'adresse des reproches : il se compare à l'amant de Suzanne ; il reconstruit l'aventure et s'y mêle, se l'assimile. Thérèse conclut : « Décidément, vous étiez fait pour être honnête » et voilà Georges victime de son double destin. Thérèse voit clair : Georges n'aimait en elle que « la douceur de se confesser » que « la revanche » et c'est avec une franchise cruelle qu'elle avoue la vérité à Suzanne. Ah ! que M. Jules Lemaître tient là une scène poignante et qu'il montre avec une saine et précise audace sa préférence pour le cynisme de la femme coupable et sincère et qu'il lui prête avec plaisir les arguments — ceux qui plaident pour Hélène, dans *Révoltée* — contre la fausse vertu de Thérèse, la raisonneuse du premier acte. « Je ne m'étais pas fait une spécialité de vertu, s'écrie Suzanne » ; la détresse de Thérèse lui répond et Suzanne de l'accuser : « Tu m'as ôté la foi que j'avais en lui. » Vous savez le dénouement : deux créatures matées par la vie qui se rapprochent, qui recommencent avec « un cœur renouvelé » à cheminer à travers leur destin et qui, ayant sondé leurs misères, en ont une pitié, un effroi et une tendresse qui les lie...

Elle est belle, cette comédie, belle dans sa sobriété, sa vigueur et son style. Peut-être manque-t-il, ici, un peu d'air, un peu d'intensité, de chaleur, d'au-delà... Que voulez-vous, je ne puis m'empêcher, en relisant cette œuvre vigoureuse, de penser à cette *Amoureuse* où reparaissent, dans toutes leurs contradictions, dans leur naturel ému, troublé, l'angoisse de nos cœurs inquiets, de nos consciences veules dans l'amour et notre insatiable désir de bonheur...

⁎⁎⁎

Si M. Jules Lemaître tient encore, par les formules de son style — il emploie, souvent, le « madame » dans les situations poussées — au théâtre de Dumas fils, s'il dessine des figures un peu convenues, telles, dans *Mariage blanc*, M. de Thièvres ou, dans ce complexe et rude *Age difficile*, le très véritable Charançay ou le cynique Vaneur ou l'exquise Yoyo, s'il ne répudie pas « le raisonneur », il crée, aussi, grâce à sa verve et à l'intelligente originalité de son goût, des types tels que *Flipote*.

Flipote est naïve et pervertie. Petite cousine des fictions de Meilhac et de Ludovic Halévy, elle sait diriger le cours de sa frêle existence aventureuse avec sagesse et précision. Son histoire est vraie. Elle aime Leplucheur. Elle l'a connu à ses débuts, quand elle pensait naïvement que le théâtre lui apporterait toutes les joies de la gloire et de l'orgueil facile. Elle a, au lendemain d'un succès inopiné, accordé sa jeune protection à ce camarade et en a fait le cabotin achevé, ingrat et vaniteux. Et la voici dans le mouvement ; elle a connu les émotions d'une bataille ; imprudente, elle a défendu son amant contre la fureur d'un public ingrat, contre un directeur avide et un auteur pusillanime ; elle était condamnée à toutes les vilenies : son âme menue de théâtreuse se pervertissait à mesure qu'elle affirmait ses qualités et, maintenant, à la satisfaction de sa tante, « l'honneste dame Anglochère », elle charmera les loisirs du baron des Œillettes et verra grandir, en suivant sa carrière prédestinée, l'enfant prodige Totoche... c'est la vie !

Et M. Jules Lemaître la ramasse en traits épars
et vifs, avec ses formules lapidaires de moraliste
sceptique et l'on écoute, dans ces propos cruels et
railleurs, l'histoire renouvelée, chaque jour, de
cette épopée parisienne où les fantoches se font
demi-dieux et les cabotins, héros...

Ici, déjà, le talent de l'auteur prend une envergure, dans cette expression toute de malice âpre,
qui s'affermira dans l'étude des mœurs qu'il
aborde. Laissons à *Mariage Blanc* sa douloureuse
mièvrerie, sa poésie et ses influences de Pailleron,
mais si l'on souhaite, sous le couvert d'une action
romanesque et passionnée, atteindre plus loin la
pensée de M. Jules Lemaître, il faut relire ces cinq
actes des *Rois*, ce drame d'amour, ce drame de
conscience, cette lutte d'une âme royale et hautaine que la passion enchaîne à des actions, dangereuses pour le bien d'une nation. Herman,
prince royal appelé au pouvoir, souffre et vibre ;
dans ce caractère de souverain, il y a plus d'humanité, plus de douleur inassouvie que dans la
description de personnages plus simples et, par
leur situation, plus près de nous : il raisonne
comme un Hamlet de chair et d'os et ses désirs
demeurent tour à tour prisonniers de la pitié ou

de la raison d'Etat ; l'une succombe avec la passion pour Frida, l'autre triomphe avec la vengeance de Wilhelmine. Et quel beau langage, quelle élévation et quelle impeccable cadence : l'harmonie règne entre les actions et les personnages : ils se trouvent au même diapason.

✷✷

M. *Leveau*, aussi, député démocrate, épris d'une marquise et lui sacrifiant ses programmes et sa vie de famille, est à plaindre par l'intempestif aveuglement de sa carrière qui s'achève lamentablement. Fasciné par l'aristocratie, cet homme primitif est mal préparé au métier d'amant et la marquise me rappelle la capricieuse, la dangereuse et pratique *Parisienne* d'Henry Becque, qui n'oublie jamais son intérêt et travaille, au seuil de l'alcôve, à sa fortune et à celle de son mari — car elles tiennent à leurs maris, leur raison d'être, le prétexte de leur conduite et le consolateur de leurs aventures... « Il se peut qu'un homme veuille le pouvoir, s'écrie le député Leveau, — collégien de cinquante ans — un jour il veut une femme » : voilà qui l'explique. « Le peu qui reste de votre aristocratie ne subsiste que par

la sottise et la lâcheté des démocrates qui la ja-
lousent », voilà qui lui assure l'avenir.

Certes, dans une œuvre de cette ampleur, on
ne songe même pas à observer la facilité, parfois
excessive, avec laquelle l'auteur règle les entrées
et les sorties de ses personnages. Il a besoin de
l'un, il arrive; l'autre le gêne, il s'en va... Ils
disent tout ce qu'ils ont a dire : ils ne disent
même que cela, mais, si cette netteté un peu
sobre nous incommode ailleurs, nous resserre
entre les exigences d'une action combinée, nous
en apprécions, dans ce théâtre de mœurs, la
pleine vigueur et l'avantage incontestable. M. Jules
Lemaître se retrouve, ici, avec ce sang-froid et ce
tranquille mépris auxquels nous devons son meilleur témoignage de psychologue et d'écrivain,
cette inspiration facile et serrée, ce véritable
esprit français.

*
**

M. Jules Lemaître, dans son théâtre, s'en est
toujours pris à la fausse vertu et au méchant
orgueil qu'il engendre. J'ai essayé de le définir
dans *Révoltée* et dans *le Pardon*. Mais, un jour,
M. Jules Lemaître s'en prit aux professionnels

mêmes de la vertu, à ceux qui la prêchent, qui s'érigent en détenteurs exclusifs de La Vérité et qui la distribuent, hachée menue, à la foule crédule, plus que croyante, à ceux qui, au nom de leur autorité humaine, répandent des injustices divines et qui, par l'application de leurs dogmes, réduisent leurs principes à de singulières mesquineries sociales. Les protestants parurent le plus aptes à l'auteur pour la démonstration de sa thèse. Mon Dieu, j'y consens. J'ai été baptisé dans cette religion, que je juge, par beaucoup de points, l'égale des autres, mais je reconnais, aisément, que l'on retrouve, auprès de certains qui la pratiquent, les mêmes hypocrisies que le moraliste signalerait ailleurs : elle sont « réformées », voilà tout, c'est-à-dire allégées de beaucoup de mysticisme et par conséquent plus rudes, moins dissimulées, moins aimables, moins intuitives, moins intelligentes, surtout.

L'Aînée est un épisode tiré d'une famille de pasteurs et, ce qui est conforme à une rigoureuse exactitude, de pasteurs suisses, qui sont les hommes les moins français au monde. Leurs mœurs ne sont pas les nôtres, les goûts se ralentissent ou s'atrophient, l'engourdisssement et la

Essai de psychologie dramatique.   9

pesanteur de l'âme défendent la compréhension
de ce que l'on nomme chez nous l'esprit : gens de
science et gens de cœur, exclusifs et rigides, ils
aiment du haut de leurs montagnes, à juger des
actions de notre pays ; ils n'admettent point que
l'on s'occupe des faits et gestes de leurs conci-
toyens ; ils sont patriotes, fidèles et tenaces : nul
n'a le droit d'attaquer cette nation neutre, fédé-
rale et agressive...

M. Jules Lemaître prit ce droit et l'affirma. Le
pasteur Petermann nous est connu : père de six
filles, il s'inquiète très fort de leur avenir. Heureusement, cinq d'entre elles, assez délurées, ma
foi, se tirent aisément d'affaires. Leur sentimen-
talisme et le flirt — que la sœur d'outre-Manche
leur donna en échange de leur austérité — les
servent à merveille.

Il reste Léa, l'aînée, la grande sœur à bandeaux
plats, une créature sincère et résignée. Elle ne
pense point à la coquetterie, ni à la distraction :
elle se sait condamnée au devoir qui lui assure
la béatitude dans l'autre monde. Elle gronde ses
cadettes, elle gourmande Norah, une échevelée,
celle-là, dont le journal intime parle d'amour et
comme Léa est vertueuse, on la traite en créature

exceptionnelle, c'est-à-dire on la néglige. Léa eut
un rêve, cependant, ce rêve qui, toute jeune encore, la vouait au rôle de vieille fille : elle aime le
pasteur Mikils, « homme de Dieu », falot, bavard,
qui entame avec l'Eternel d'éternels pourparlers
verbeux. Or, Mikils — on est faible... l'Ecriture
le déclare — désire épouser Norah, il confie son
secret à l'aînée, et c'est l'aînée qui fait, en lieu et
place de cet illuminé, ahuri par le désir, la demande en mariage et c'est elle encore qui se
sacrifie. Vous savez quel destin lui demeure
réservé : ses sœurs toutes mariées, elle reste solitaire avec ses parents et sa petite sœur, Dorothée,
gamine avertie par des fiancailles manquées... Il
faut remarquer, en passant, que, dans ce milieu,
les fiançailles successives et les mariages consécu-
tifs sont de tradition biblique... Or, un jour,
Norah et son mari, le pasteur. Mikils, accourent.
Léa se trouble : elle aime encore, Norah lui
avoue ingénument, qu'elle a trompé ce prédicateur « empesé et solennel » et Léa les réconcilie ;
mais Mikils se transforme ; il devient un pasteur
nouveau jeu, un pasteur de cabarets et de cabinet
particulier légitime... Léa en est déçue, amèrement, si bien qu'elle va consentir au mariage que

lui proposent ses parents, avec l'estimable M. Muller,
âgé de cinquante ans. Dorothée, la petite sœur,
sent bien que cet homme grave, qui ne s'est
jamais amusé — trait caractéristique chez ces
personnages qui prêchent l'expérience — préfé-
rerait une petite camarade futile et rouée, à l'exceptionnelle vertu de l'aînée. Dorothée lui chipe
ce dernier mari. Léa est dégoûtée. Dans un gar-
den-party, offert par M. Dursay, un voisin de
France, la malheureuse consent, pour une fois, à
déployer quelque coquetterie : elle est gauche
et dépasse les limites ; aussi bien, le jeune lieute-
nant Dursay, persuadé « qu'elle marche », la
compromet gravement et Léa, elle-même, par
excès d'honnêteté, se compromet irrémédiablement. Aussitôt — et ceci est très juste — le concile
de famille réuni en assemblée plénière, la condamne sans l'écouter. Seul, le pasteur Milkils
plaide en sa faveur ainsi que Norah, définitivement purifiée par le pardon de son mari, plus
humain que chrétien. Donc Léa va s'exiler. Heureusement le Français, M. Dursay, intervient ; il
reconnaît, enfin, les qualités intimes de Léa, plus
précieuses que ses vertus ; il l'épousera : ce qui

prouve qu'un homme d'esprit démêle le bonheur partout où il se cache.

Voilà, en quelques mots, le sujet de cette pièce, abondante en traits cinglants, en détails pittoresques et curieux. Elle dénote, parfois, plus de fantaisie encore que d'observation directe : en Amérique, ces jeunes émancipées, ces néophytes d'amour seraient mieux à leur place qu'en Suisse. Quant au pasteur Mikils, je le déclare une exception entre toutes les exceptions : il fait preuve d'intelligence, jusque dans l'exagération de son oubli « de la faute ». Ne vous semble-t-il pas plus vrai, plus redoutablement vrai, ce personnage qu'Edouard Rod a posé définitivement dans *le Pasteur Naudier* ? Pour parler d'une religion et pour en dépeindre même les étroitesses, il convient de les avoir éprouvées, serait-ce pour les secouer par révolte, comme Hélène secoue le joug tendre de M. Rousseau, ou pour les repousser, comme Chambray repousse les tentations fallacieuses dans *l'Age difficile*. Néanmoins, *l'Aînée* reste une œuvre. Je manquerais à tous mes devoirs en ne rappelant pas les deux interprètes principaux : Henry Mayer qui fut un excellent pasteur Mikils et Mme Suzanne Després qui affirma définitivement son grand art dans le personnage de Léa.

⁂

Et je ferme le théâtre de M. Jules Lemaître sur un sourire accordée à cette *Bonne Hélène*, notre camarade de l'antiquité, compagne de la jeunesse qui dure. Je songe à tant d'intelligence, offerte en hommage à une langue choisie ; je songe, aussi, à ce qui se cache d'âpre sensibilité, de réflexion claire, d'insouciance et d'esprit dans ces pages où se déroule amèrement la comédie de nos contemporains.

M. Henri Lavedan.

M. Henri Lavedan

« Que poursuivrait-on au théâtre ? Les travers ou les ridicules ? Cela vaut bien la peine d'écrire ! Ils sont chez nous comme les modes : on ne s'en corrige point, on en change. Les vices, les abus, voilà ce qui ne change point, mais se déguise en mille formes sous le masque des mœurs dominantes; leur arracher ce masque et les montrer à découvert, telle est la noble tâche de l'homme qui se voue au théâtre ! »

En relisant ces lignes de Beaumarchais, dans l'immortelle préface du *Mariage*, il m'a semblé qu'elles s'appliquaient à l'œuvre et à la personne d'Henri Lavedan. Les observations de la vie, recueillies par une sensibilité délicate, traduites en formules, groupées avec art, sont l'étude commune du moraliste et de l'écrivain, soucieux d'exprimer les pensées et les habitudes contemporaines. On se représente, trop souvent, le moraliste sous les traits d'un personnage du XVIIᵉ siècle, hautain, implacable, étouffé par la lourde perruque à marteau ; avec le recul du temps, ses maximes et ses réflexions deviennent lapidaires ; on les grave, on les choisit et l'on ne tient nul compte du mystère qui se cache sous leur forme précise, synthétique et complexe. D'aucuns, encore, confondent moraliste et professeur de morale ; ils en tracent le portrait austère, méticuleux, solennel : un vieux monsieur, toujours vexé, rasé de près, la bouche pincée, qui semble une ride entre les joues dégonflées ; une couronne de cheveux filasses autour du crâne nu ; les lunettes à branches d'or sur les regards affaiblis ; la taille courbée et les membres grêles vêtus de la traditionnelle redingote noire, bourrée de brochures, de prospectus pour des ligues de toutes sortes et d'images d'Epinal pour les écoliers sages ; ce croquemitaine finit membre de l'Institut, grand-croix de la Légion d'honneur et, après avoir prêché des « choses excellentes » au cours d'une existence encombrée par de vains efforts, il meurt « bienfaiteur de l'humanité », qui l'ignore. Sur l'initiative de braves gens, suisses, ou spéculateurs de la conscience anglais, on le coule en bronze. Des gamins jouent aux billes au pied du socle de sa statue, et des moineaux s'oublient sur son effigie rigide.

On se figure encore que l'écrivain moraliste doit, nécessairement, s'attaquer aux grands problèmes de la société ; les optimistes, surtout, aiment qu'on leur montre la corruption des jours présents et que rien de bon ne naîtra des malheureux qui se perdent dans les excès des débauches. La désolation les encourage à réformer ce qu'ils savent irrémédiablement perdu. L'écrivain, épris d'actualité, leur apparaît comme le sauveur ; ils pensent : « Quelques artistes viennent à nous. » Ils leur facilitent la carrière ; ils leur assurent des succès de meetings ; en réalité, ils gâchent les meilleurs efforts et détruisent les tentatives les plus sincères, les plus audacieuses. Moraliste, ne l'est pas qui veut, en littérature ; on n'admet pas le premier venu dans la corporation ; on exclut les schismatiques, on ne pardonne pas aux indépendants ; il convient de respecter le dogme. On tolère un petit adultère, de temps à autre, à condition que la femme en sorte flétrie et que l'amant croule sous les discours du raisonneur.

On n'admet que les procédés arriérés de Dumas fils — car on méprise ce que son génie enfanta de vraiment original — et on ne supporte ces procédés qu'à la condition que le prédicateur soit orthodoxe.

M. Henri Lavedan n'obtiendra jamais un diplôme de ces juges-là. Il possède deux vertus qui ont motivé son excommunication : le talent et, surtout, l'esprit. L'esprit, voilà l'ennemi ! Henri Lavedan est né homme d'esprit ; il faut le lui pardonner. Est-ce de sa faute si l'instinct l'éloigne des sots, si le goût l'écarte des snobs et si l'intelligence le sépare des vaniteux ? Ne nous y méprenons pas ; l'instinct se corrige par l'observation, par la sensibilité qui s'affine au contact du monde, par la pensée ironique ou douloureuse qui se cultive, par l'expérience. Aussi bien l'esprit, à lui seul, ne suffirait pas à l'artiste soucieux d'être vrai ou au moraliste résolu à exprimer toutes ses idées. Une bonté naturelle, exaspérée par la vie, irritée, heurtée par les exigences du dehors, se cache dans l'œuvre, y transparaît, s'affirme par telles répliques, élargit le thème proposé aux spectateurs. De là cet aspect à deux faces, dans son théâtre, cette comédie ou, mieux, cette succession

de scènes rapides, humoristiques, nullement vau-
devillesque, cependant, et cette étude de caractères et de mœurs, qui, parfois, voisine avec le
drame. En somme, le même procédé, le même
cerveau invente, au gré des caprices de l'inspiration, des personnages synthétiques, quelque chose
comme un symbolisme très concret, qui nous
révèle « les dessous » de beaucoup d'hommes, de
tous les acteurs de la comédie contemporaine,
autour de quelques figures habilement et légère-
ment pomponées, saupoudrées de classicisme.

A première vue, on ne se rend pas toujours
compte de la hardiesse du théâtre d'Henri Lavedan. On s'imagine en comprendre le sentiment
lorsque l'on s'est désopilé, ou que l'on a conclu
de certaines situations à une analogie avec les
idées défendues par Emile Augier... Essayez de
raconter une pièce d'Henri Lavedan, expliquez-en
le sujet, l'histoire, l'épisode, le détail des scènes
vous égare. Si vous n'y cherchez que des situations, vous en ramènerez la conception première
à quelque maxime très simple. Or, le théâtre —
ceci est vrai, de tous les temps — ne vit que par
l'unité de son action et par le mouvement des caractères. Quelle est donc l'unité qui relie entre

eux les fragments de drames ou de comédie, dans
cette œuvre ? Plus d'épisodes que d'action, plus
de mots que de discussions, plus de traits que de
gestes... alors ? Je dirais, volontiers, qu'Henri
Lavedan a écrit l'histoire de certaines âmes ; si
différentes qu'elles soient les unes des autres,
l'époque contemporaine les rattache et les scelle ;
elles évoluent dans la même sphère, avec une parfaite logique, expriment tout ce qui se cache en
elles, et démontrent quelle influence ont exercée
sur elles les circonstances : elles accusent, en s'af-
firmant, les mœurs qui les ont entraînées, les ont
détournées de leurs voies naturelles. La vie est :

> « Une ample comédie à cent actes divers
> « Et dont la scène est l'univers »,

écrit Lafontaine ; il ajoute, dans une autre fable :

> « Une morale nue apporte de l'ennui,
> « Le conte fait passer le précepte avec lui ».

Ainsi, montrer les hommes tels qu'ils sont,
mais se servir, pour cette démonstration, des
procédés scéniques, écarter les inventions imagi-
naires, pour ne conserver que les données immé-
diates fournies par l'observation, conclure, avec

lucidité, au pessimisme — car l'expérience verse
du fiel dans la pensée — et, par respect de la vérité, peut-être, ou par excès de savoir, costumer
ses sensations et présenter, sous le vêtement de
fantoches, des créatures réelles, voilà ce que j'ai
retrouvé, dans certaines tentatives de l'auteur du
Nouveau Jeu ; mais, si affranchi que soit l'esprit,
si librement qu'il s'exprime, il reste dans la
sensibilité de l'écrivain des affinités, dont il n'est
point ignorant, et qui l'empêchent de railler ses
superstitions intimes ou, du moins, qui réclament son respect pour des croyances plus hautes.
Hélas ! la sincérité de ceux qui devraient donner
l'exemple du culte des traditions inspire des
doutes à l'œil fatigué par le spectacle du monde ;
les compromissions de la conscience et de la dignité jettent le scepticisme dans la pensée qui se
fiait aux apparences : il en résulte de l'amertume,
une rancœur contre les désillusions plus fortes
contre ceux qui les ont occasionnées ; Henri
Lavedan se dégage de ces empreintes par un mouvement fier : il écrit *le Prince d'Aurec* ; il dévoile
les impatiences dangereuses dans *les Deux Noblesses*
— en révélant le rôle militant de l'anarchie —
et fouaille, en le démasquant, le libertaire Don

Juan, dans *le Marquis de Priola*, cependant qu'il ne parvient pas à étouffer toute pitié pour les petites inexpérimentées, honnêtes, dans *Catherine*, et qu'il poursuit, avec une implacable logique, l'une de ses idées favorites : la noblesse ou, mieux, l'aristocratie ne s'apprend pas ; elle se distingue, dans ses défaillances et dans ses luttes actives, par les vertus qu'apporte l'hérédité ; il lui reste, malgré tout « La manière... »

⁎⁎⁎

Cette « manière », Henri Lavedan l'a exquisement reçue en partage. De naissance bourgeoise, par le nom, il appartient à une famille où les idées élevées et la plus délicate droiture sont de tradition. Ceux qui ont eu l'honneur d'approcher M. Léon Lavedan se souviennent de sa personne aux manières accueillantes et réservées ; de sa parole hospitalière et habile à prononcer ses sentiments ; il professait des croyances religieuses que l'on savait profondes, mais on sentait, chez lui, la faculté de s'intéresser à ceux qui ne partageaient point ses vues ; il souriait avec une indulgence où flottait une ironie de bon aloi ; il écoutait avec cette attention particulière d'un

esprit à qui l'on n'apprendra rien, mais qui cependant, ne perd jamais sa curiosité. Il vous
accordait une intelligente bienveillance : on pouvait ne pas s'expliquer avec lui, car il ne vous demandait pas de profession de foi ; d'avance il
était instruit sur les idées, les tendances et les
goûts de ceux qui ont connu le charme de ses en-
tretiens : sa conscience de catholique s'y manifestait sans intransigeance et dégageait une respec-
tueuse et pénétrante religion; je ne l'ai vu que
vieillard, au *Correspondant*, qu'il a dirigé jusqu'à
la fin de sa carrière et de sa vie, avec une rare
compétence ; il m'a toujours paru jeune et je
n'oublierai point l'expression de doux et tendre
orgueil qui flotta sur son visage, le jour où son
fils fut reçu membre de l'Académie française...
M. Léon Lavedan semblait avoir partagé dans une
juste mesure ce que réclamait, dans le monde
spirituel, sa conscience très droite, et ce scepticisme qui inspirait ses vues sur le monde contemporain. C'était une figure française, de la meilleure
souche, du plus joli style.

Henri Lavedan, son fils, est né dans les régions
de la France les plus royales, sur les bords de la
Loire, à Orléans. Les soins de sa première éduca-

tion furent confiés au petit séminaire de Mesmet ;
il y séjourna plusieurs années ; un vaste parc
descendait jusqu'aux bords du fleuve ; ces pays
élégants, aux lignes harmonieuses, enchantèrent
ses rêves d'enfant ; il y vivait avec la libre imagination, guidée par une tutelle ecclésiastique. Bientôt, ses parents s'établissent à Paris ; tour à tour
externe et interne à l'institution Bossuet, il fréquente les classes du Lycée Louis-le-Grand ; puis,
son père étant nommé préfet à Poitiers et à
Nantes, il y devient élève des Jésuites. Enfin, de
retour à Paris, il y achève ses études. La guerre
éclate : les nécessités de sa carrière éloignent M.
Léon Lavedan de la capitale ; on ne croyait pas,
alors, au siège, ni à la Commune. Confié à la
garde de quelques prêtres, Henri Lavedan passe
l'année terrible à Paris, aux Carmes. Ce coin, un
peu à l'écart de la vie active, dans les quartiers
tranquilles, a gardé son impressionnante beauté
historique. Les jardins aux allées régulières, bor-
dées de marronniers, les bancs à l'ombre, le
bassin silencieux où murmure à peine un jet
d'eau très grêle et la chapelle, charpente solide,
pittoresque, à la toiture de tuiles patinées par le
temps, sont demeurés intacts et évoquent, dans

leur intégrité, les scènes sanglantes de la Révolution. Henri Lavedan restait avec deux autres élèves, un Français et un jeune Américain. Les prêtres quittèrent la soutane ; ils ne furent pas « ennuyés ». Ils se promenaient souvent, jusqu'aux environs des Tuileries, suivant les obus qui filaient au-dessus de leurs têtes, et qui éclataient à quelques cents mètres d'eux. Evidemment, les études souffrirent un peu dans leur régularité, mais des tableaux et des sensations se gravaient dans la claire mémoire. Henri Lavedan, la guerre terminée, obtint sans peine son diplôme de bachelier. Son père désirait qu'il commençât son droit : le droit est le salut de ceux qui souhaitent ne point s'engager définitivement dans une ornière, et comme l'étudiant, dès cette époque, avait déjà pris la résolution arrêtée de se livrer à la culture des lettres et que son caractère témoignait de quelque indépendance, il consentit à une transaction, fit une année d'études juridiques, passa le premier examen et manifesta un tel déplaisir à poursuivre cet enseignement, que le barreau et la magistrature, l'administration elle-même, perdirent toute chance de le compter désormais parmi leurs membres.

La jeunesse de l'écrivain s'écoula au milieu des épisodes politiques, dans un monde où les idées de Mgr Dupanloup étaient fort en honneur. Mais la nature avait doté Henri Lavedan d'une sensibilité ardente, d'une imagination claire, d'une passion précoce à souffrir, et, peut-être, aussi d'une certaine sentimentalité. On prête, en général, plus de crédit aux hommes qui, dit-on, « arrivent par eux-mêmes » et dans le passé desquels on découvre des misères ou des difficultés matérielles. Je gage — je hasarde cette hypothèse — que l'observation sut singulièrement mûrir ce jeune homme qui débutait sous les meilleurs auspices, pour lequel s'ouvraient, toutes grandes, les portes de certains milieux, et qui par un acte audacieux et spontané voulut suivre ce qu'il savait être sa destinée. Tel est le sort des artistes : seule l'expérience achève en eux l'éducation sentimentale qui leur révèle les secrets de l'existence et qui les arrête au seuil de la réalité qu'ils ne pénètrent que par une divination intuitive. La famille et l'hérédité impriment une méthode aux actes, aux formules dont on se sert, elles déterminent « le choix », vertu première de l'inspiration, mais la pensée se libère de toute contrainte qui bride ses

élans, elle rompt les liens qui limitent ses mouvements : chez tout artiste la révolte, même la plus élégante, est le ferment de la
création ; il arrive un moment où l'on s'isole :
la solitude éprouve, mais exige de la personnalité
qu'elle s'affirme et s'établisse : le pressentiment de
« quelque chose » d'étranger à lui-même agite
l'homme qui ne concentre pas ses aspirations
dans une pratique religieuse et qui veut, avec ses
propres matériaux, achever l'œuvre dont il ne
distingue que très mal les formes imprécises,
dans son rêve. Sans doute, pour ces motifs, Henri
Lavedan a connu la douleur.

Il écrivit des dialogues. Un jour — faut-il
rappeler ces « péchés de jeunesse ? » — il rencon-
tre M. Guiches. Ils parlent théâtre. Toute pièce
est faite pour une scène ; si l'on essayait d'isoler
cette scène, de la présenter toute nue devant un
public, de réaliser de petits drames ou de petites
comédies, très rapides ? On pourrait appeler ces
essais des « Quarts d'heures ? » pourquoi pas ?
Ils les montrèrent à Antoine et le Théâtre Libre
devint, pour Henri Lavedan, la scène de début.
Inutile d'ajouter que toute la critique se récria,
flétrissant ces procédés nouveaux, clamant à la

déchéance, etc...; il ne s'agissait, pourtant, que d'une plaisanterie de dillettante, car les vrais débuts d'Henri Lavedan se firent au Théâtre Français: sa pièce comptait quatre actes et s'appelait *Une Famille*. Depuis..., depuis, il a continué la série de ses dialogues et de ses œuvres dramatiques. Admirateur de Dumas fils et d'Emile Augier, il aimait Henri Meilhac, dont il prononça, dans un discours définitif, l'éloge sous la coupole de l'Institut. Telles sont les principales étapes de sa carrière.

Tout Paris le connaît ; il est de taille moyenne, plutôt grand avec le visage pâle, terminé par une barbe grisonnante, onduleuse et carrée ; l'expression se dessine nerveuse, attentive ; les cheveux, séparés par une raie, tombent sur le front droit ; les yeux sont bruns, habitués à fouiller les figures, à analyser les regards, à fixer les gestes : rien ne leur échappe, ils scrutent, même lorsqu'un sourire les ferme et plisse le nez, petit et malicieux. Dans ses traits passent de l'indulgence et de la pitié ; la bouche sait se faire dédaigneuse. Henri Lavedan s'adoucit au contact d'une sympathie, mais il se montre distant avec ceux dont il soupçonne l'intrigue. Il s'exprime avec simplicité ; il y

mêle parfois de l'amertume ; le doute de l'artiste
l'inquiète ; il hait la méchanceté des hommes : il
est douloureux et bon, mais il ne se révèle que
lorsque la sympathie s'accorde avec l'estime : il
méprise les flatteries vaines, les snobs et les orgueilleux ; il ne connaît point l'ambition inutile.
Il n'est jamais la dupe des autres, ne cherchant
à duper personne : il devine les sentiments vrais.
J'aime à me le représenter, dans le silence de son
cabinet de travail, parmi le recueillement de ses
livres anciens, dans cette atmosphère où flotte un
peu du passé de la France autour des bibelots et
des miniatures, groupés exquisement. Mais, qu'il
se penche sur son balcon, qui domine le « Tout-
Paris » en fête, ses regards assistent à la grande
pièce vivante que jouent entre eux les hommes,
ses contemporains. Alors sa sensibilité se cache
sous un masque réfléchi ou bien il se détourne,
avec un sourire âpre, jusqu'à ce qu'il retrouve la
sérénité de ses méditations...

*_**

Les dialogues d'Henri Lavedan restent des notations vivantes et vraies. On peut les considérer,
tout ensemble, comme des essais, des études de

l'œuvre qui va suivre, et comme des portraits arrêtés, aux contours nets et précis : du dessin liné-
aire. On ne saurait pas plus y rencontrer une faute
de goût qu'une faute de style dans une esquisse
de portraitiste ; l'esquisse offre, parfois, plus de
mouvement que le tableau lui-même ; elle est plus
jetée, d'un seul trait ; cependant, la physionomie, si ressemblante qu'elle soit, présente encore
quelque déformation ; ses traits caractéristiques
s'accusent, les asymétries du visage se présentent avec quelque exagération ; voici un portrait, juste, en vérité, vivant, harmonieux, aussi...
est-ce parce que trop ressemblant qu'il attire une
critique railleuse, non sur l'artiste, mais sur le
modèle dont il se sert ?... Certes, ce n'est pas de
la caricature au sens primitif du mot ; ce n'est
pas un grossissement vilain et grossier, non, il
n'y a là rien de monstrueux, c'est simplement le
croquis de certaines silhouettes, des gestes habi-
tuels, des manies, des tics de l'homme. Henri
Lavedan observe, en s'amusant. La vieille rancœur,
les énervements, ses premières illusions évapo-
rées, tout ce que l'existence a irrité en lui contre
les destructeurs, s'apaise, se calme, s'adoucit en
présence de cette vérification : point de vengeance

ni de grandes protestations ; une douceur de patte de velours, qui caresse, en cachant encore ses griffes et qui n'éraille que lorsqu'on l'exaspère. Il faudrait citer de nombreuses pages dans la série de ces volumes groupés avec une adresse de main parfaite, et qui forment, chacun, une unité. Voici « *Les Jeunes* », les snobs, les crédules incrédules, les renieurs de leurs illusions, qui promènent leur ignorance de désœuvrés de la vie ; comme nous les connaissons, et combien de fois ils nous ont arrêtés au seuil d'une entreprise moins terre à terre, par un mot sec et qu'ils sont sûrs d'eux ! Comme nous rencontrons, à chaque pas, ces faces blêmes, et sans énergie ; « ces jeunes » sont attablés au café ; l'apéritif éveille leurs désirs ; ils comtemplent, avec mépris, les passants qui peinent : ils sont riches. Ils vous parlent ; ils sont dans le secret de « tous les dieux », et, bientôt — ils vous l'affirment — on leur jouera une pièce, on leur éditera un roman — grâce aux relations utiles de leur père ou de leur « maman » ; alors « la famille » prend pour eux son importance sociale ; ils en mesurent les répercussions, ils sont des fats blasonnés de préjugés bourgeois. Souvent ils portent un nom à

particule, mais le sang de leur grand-père mater-
nel, M. Dupont ou Durand, à moins qu'il ne
s'appelle Abraham, Isaac ou Jacob, coule dans
leurs veines durcies. Ces méchants petits reptiles
s'associent aux femmes de luxe ou, plus tard,
épousent « une jolie dot. » Ils flanent éternellement, dans la chambre à coucher de leur épouse,
ou le boudoir de leur « petite amie », et, dès qu'ils
ont déserté l'alcôve du domicile conjugal ou de
la maîtresse, un ami complaisant les remplace
auprès de l'une ou de l'autre compagne. Ils vont,
encensés par les flatteries qu'ils se prodiguent les
uns aux autres, et forment de petites coteries redoutables ; les badauds les jugent fidèles : ce sont
des dupes qui jouent les dupeurs, des crédules cy-
niques, des écraseurs qui remplissent du fracas de
leurs veuleries les sentiments, comme leurs auto-
mobiles encombrent les routes entre les champs.

Ceux-là, Henri Lavedan les a fouaillés de toute
son ironie : ils restent marqués. Leur masque de
neurasthéniques ne dissimulera plus, désormais,
la médiocrité de leurs existences vaines et nuisi-
bles. Vous les reconnaîtrez, plus tard, achevés,
complétés, dans le personnage de *Costard*, du
Nouveau Jeu, ou parés de l'écharpe officielle de

Labosse, du *Vieux Marcheur*... vous les retrouverez, aussi, parasites de province, sous le nom de *Montrejeau*, du *Prince d'Aurec*, et de *Barbançon*, du *Marquis de Priola*, vous les retrouverez dans le prince d'Aurec, en personne, et le marquis de Priola lui-même; ils remplissent *Viveurs*, achevant leurs fêtes macabres, symboliquement, dans un omnibus funéraire.

Parfois aussi, l'imagination de l'écrivain nous entraîne dans l'intimité plus sincère des créatures épisodiques de la comédie contemporaine. Voici *le Lit* ou *les Beaux Dimanches*, pour ne rappeler que ces deux livres, dont l'un enchanta nos dix-huit ans, et dont l'autre nous fit rêver plus d'une fois. Une poésie mélancolique émane des hommes et des choses, une poésie pitoyable, attendrissante presque, et l'on est tenté de se calmer, de ne plus s'irriter contre les méchants : la misère se cache derrière ces oripeaux et les décors en carton de la pièce, qui ne figurent que des paysages plaqués, comme le fard sur les visages couvre les rides précoces et les sillons qu'ont tracés des larmes involontaires. A pénétrer de la sorte, dans les recoins de la vie, à s'asseoir, une seconde, au foyer de ceux qui n'ont pas de foyer, à méditer, en re-

muant des cendres où se mêlent des débris d'illusions en poussière, on se reconnaît avec ses instincts sentimentaux, avec ce qui reste de « peuple » dans l'âme, avec ses pauvres petites glorio-
les de si peu d'importance. Quoi, ces vêtements
de luxe, ces tables de soupers, où se convient ces
comparses de fêtes, ces distractions artificielles,
ne sont rien que « la montre », des occasions de se costumer de vanité et de parfums : ces
femmes pleurent, les hommes, dans les yeux desquels virent les reflets chatoyants des voluptés,
leur inspirent du dégoût : elles sont avides aussi
de solitude et regrettent leur enfance où l'on était
« pauvre »... Ces figurants se lassent et s'arrê-
tent sans regarder en arrière, puis ils reprennent la
marche vers l'inconnu, cent fois recommencée...
C'est l'éternelle histoire du « passant » dont
Aimée Desclée redoutait tant l'approche, un jour,
dans une lettre à son grand ami Dumas fils.

Ces rêveries-là renaissent, ennoblies, dans la
princesse d'Aurec, et vous en retracerez la genèse
dans l'aventure de la sentimentale *Catherine*.
Ainsi généralisées, transposées, groupées, dédui-
tes, les observations premières de Henri Lave-

dan s'agglomèrent et constituent la synthèse de
son œuvre dramatique.

*_**

Ajoutez, cependant, la première idée, l'idée
même de la pièce : elle naît de la lecture d'un
moraliste ou de la méditation sur une maxime,
à moins que l'esprit ne se formule à lui-même,
dans une phrase lapidaire, les observations conscientes et inconscientes qu'il a faites du monde.
Il convient de choisir : choisir, pour l'artiste, tout
est là. Où se cache la pièce ? Je gage que Henri
Lavedan la poursuit avec un peu d'inquiétude,
mais sans plus d'agitation que s'il jouait à cache-
cache avec un enfant dans son appartement.
L'œuvre est là : il l'a vue, et la sournoise se dissimule avec malice, derrière un détail, un meu-
ble de la pensée. Un jour, lors de la représentation du *Marquis de Priola*, Henri Lavedan m'exposa
sa méthode ; il saisit une paire de pincettes de la
main droite et une clé de la main gauche : « Vous
êtes-vous jamais amusé avec des enfants à un petit jeu qui consite à chercher un objet ? me de-
manda-t-il. L'enfant entre pour le découvrir...
Tenez, le voici dans l'angle gauche. L'enfant va

à droite ; je bats tout doucement... Il se rapproche, je tape plus fort. Il s'éloigne : je faiblis ; il
se rapproche encore..., il brûle..., je tape très
fort... Tel, je me vois en présence d'un sujet ; il
est caché ; où ? Je n'en sais rien ; je le devine, je
le pressens... Je m'approche, je m'en éloigne...
C'est une gageure. » Et il conclut : « Je suis un
intuitif. »

Cependant, la question se complique : à l'é-
tude plus approfondie, le sujet se transforme,
s'étoffe, s'accuse. *Le Marquis de Priola*, conçu
d'abord comme un type d'homme à femmes, —
canaille falotte aux vices séduisants — devient
l'homme de proie, le « don Juan moderne », et ce
personnage comporte une double vie, celle que
lui crée la pensée de l'écrivain et celle de tout
son passé littéraire, dont on ne peut pas ne pas
tenir compte. Il n'existe pas de type unique
d'homme à femmes, et concentrer en un seul les
caractéristiques de tous, eût été une tentative ha-
sardeuse ; aussi la logique entreprit-elle de sonder
dans ses profondeurs, cette nappe de sensibilités
mouvantes : l'unité se dégage de l'étude des traits
dominants du caractère.

On s'explique, ainsi, les « genres » différents

des pièces d'Henri Lavedan, historien, à ses heures, quand il collabore avec son savant et délicat ami G. Lenôtre et donne *Varennes*. Il ne passe point, comme d'aucuns l'affirment, du vaudeville à la comédie de mœurs. Le propre du vaudeville est le quiproquo ; or, point de quiproquo dans ce *Nouveau Jeu*, par exemple, dont l'ironie se dégage, en somme, des observations vraies. Seulement, l'écrivain professe une horreur instinctive pour ce qui ne lui semble pas élégant. Il ne songe pas à « réformer la société », laissant à d'autres le soin des harangues ; s'il admire Dumas fils, que tout auteur dramatique contemporain doit considérer, plus ou moins, comme son maître, il l'aime davantage pour ce qu'il devinait en lui de délicates bontés, que pour ses théories audacieuses au temps où il les exprimait, mais, aujourd'hui, surannées. Meilhac et L. Halévy me semblent avoir exercé sur son esprit une influence, plus significative. Rappelez-vous, dans son discours de réception à l'Académie française, ce que disait le récipiendaire de son prédécesseur. Relisez, surtout, l'œuvre des deux collaborateurs, vous y retrouverez ce don unique du dialogue, le mot jaillissant sans effort, la malice voilant le bon sens, enfin de l'esprit, toujours, drapant de voiles antiques ou de soies féeriques, les réalités trop brutales, à moins que « la fantaisie échevelée » ne rendit humaines des hypothèses souvent si imprévues. Le théâtre de Meilhac et Ludovic Halévy demeure, par certains côtés, aussi important que celui de leurs confrères plus graves qui ont abordé les plus grands problèmes. Henri Lavedan sait bien que les caractères s'éparpillent et que, pour rester vrai, pour offrir une représentation exacte de la réalité, il convient d'errer et d'inventer, mais qu'errer, écarte de l'unité, et qu'inventer, menace d'éloigner de la vie. Alors, il s'amuse : « *Castigat mores ridendo...* »

D'autre part — et je cite, ici, ce qui me semble son chef-d'œuvre, *le Prince d'Aurec* — l'observation des mœurs ne prétend pas flageller la société contemporaine tout entière. Il s'attaque donc à une certaine aristocratie, qui veut sauver « les apparences », qui déchoit, mais qui conserve cependant, certaines vertus qui lui sont propres. Dans la *Critique du Prince d'Aurec*, l'ami de l'auteur l'exprime explicitement ; mais les personnages de l'œuvre elle-même ne le disent-ils pas, par le seul fait de leur présence ? Emile Augier traite,

dans *le Gendre de M. Poirier*, un cas, dont tels
épisodes sont parents de telles scènes du *Prince
d'Aurec*, celles où la duchesse de Talais et son
fils exposent des sentiments analogues. Mais,
chez Emile Augier, domine le souci d'établir un
contraste entre la bourgeoisie, même ridicule, qui
garde ses préférences, et un marquis de Presle,
représentatif de l'aristocratie ruinée. Chez Henri
Lavedan, la mère et le fils discutent : un lien
d'hérédité les unit ; donc, beaucoup de qualités
restent communes aux divers membres de la
société mondaine ; le bourgeois est bon, courageux, capable de générosité, tout comme l'aristocrate ; mais chez l'un, les vertus innées se manifestent dans leur simplicité ; chez l'autre, « la
manière » l'emporte. Souvent « cette manière »
égare, ruine, entraîne jusqu'au bord du déshon-
neur : elle existe, cependant. Si inconsciente, si
légère que soit la princesse d'Aurec, elle sait répondre en femme qui porte dignement son nom
et tient son rang ; si misérable qu'apparaisse le
prince d'Aurec en choyant le banquier, baron de
Horn, « décoré du Christ », on sait bien son
cœur capable de soubresauts et il rebondit avec
élégance.., La manière, c'est l'harmonie du

monde... D'ailleurs — et ceci distingue définitivement Henri Lavedan d'Emile Augier — l'œuvre
est symbolique : de même que les personnages
englobent plusieurs êtres d'espèce semblable, de
même le drame se joue avec les déguise-
ments d'un bal masqué. L'épée des pères du
prince d'Aurec que le baron Horn finit par ache-
ter et qu'il accrochera à la panoplie, dans sa banque sans doute, n'entre en jeu que lorsque l'hé-
ritier du sang des Talais a revêtu — pour une
fête — l'armure gênante du Connétable, son
aïeul. Quant à de Horn, baron sémite d'hier, il
pose, déjà, très précocement, un personnage
qui, alors, n'intervenait guère dans les batailles
politiques. Ainsi, dans *les Deux Noblesses*, —
qui n'emporta point le succès mérité — l'écrivain
prévoyait la part brutale de la révolte dans la société, longtemps avant qu'aucun de ses confrères
n'y eut songé ; mais l'œuvre ne parut pas « sociale », sans doute parce que conçue avec esprit
et écrite avec art.

M. Henri Lavedan n'est point de ceux qui aiment découvrir leur personnalité intime. Elle se
cache avec une sorte de pudeur hautaine et instinctive ; cette sensibilité préfère à l'indiscrète ré-

vélation de sa mélancolie sincère ou de sa réflexion pensive, l'impassible expression, amère ou malicieuse de son esprit.

Toutefois, avec le Duel, il a voulu toucher la conscience et déplier ses replis. Il pose un problème d'une singulière audace : la jalousie du prêtre pour le médecin, l'empreinte sur l'âme et domination sur le corps. Son abbé Daniel, un Priola retiré au couvent, est bien l'une des figures ecclésiastiques les plus émouvantes de la littérature moderne : harcelé par les tentations, troublé par le souvenir des voluptés, épris d'une religion de poète et d'artiste, ce prêtre se soumet à l'ordre et reste au sein de cette Eglise dans laquelle il s'est volontairement muré. Il ne comprend, en vérité, sa foi que pour le suprême sacrifice. Et Henri Lavedan est demeuré ici dans cet air hiératique où flotte une pieuse senteur d'encens. En abandonnant la duchesse de Chasle, après la mort de son mari, au médecin — son frère — qui va l'épouser, l'abbé Daniel renonce définitivement aux joies terrestres et choisit, pour reconquérir la paix, l'exil dans son âme et dans son ministère. Cette situation participe de la grandeur et rappelle, par plus d'un trait, le 5ᵉ acte de *Polyeucte*. Une telle œuvre respire le mysticisme : elle est d'un poète et d'un penseur.

**

Henri Lavedan a donc réussi à mettre au théâtre la description des caractères et des mœurs de ses contemporains. Sa jeunesse l'habituait, par l'influence de ses premiers maîtres, tour à tour aux réflexions religieuses et aux gaîtés simples : les séminaristes s'amusent de riens. Il n'en a conservé nulle empreinte, si ce n'est dans la spontanéité avec laquelle il sait se distraire. Il n'a pas eu besoin, pour toucher juste, de viser tel ou tel de ses voisins : la diffamation lui est inconnue ; mais sans faiblir, avec une résolution douce et et tenace, il s'est attaqué aux thèmes hardis, évitant de froisser les convictions, mais irritant les susceptibilités des vaniteux. Il demeure fidèle à la tradition par son caractère sûr et son style clair et souple ; son langage — l'un des plus exquis dans la chronique, des plus légers dans la conversation, des plus châtiés dans le dialogue — séduit, charme, émeut. Son attention se porte sur ce qui entrave la sensibilité et le goût, dans notre société ; aussi fouaille-t-il ses adversaires,

ennemis de la probité. Ceux qu'il dépeint disparaissent, mais la forme qu'il en sculpte subsiste :
ce qui demeure d'une époque, dans l'art, est fait
souvent de ce que la vie entraîne le plus vite dans
sa course fugitive...

M. François de Curel.

M. François de Curel.

———

M. François de Curel n'est point un de ces auteurs prolixes et pressés qui répandent, à profu-
sion, leur littérature sur le public. Il aime à travailler à son heure, dans le silence et le recueillement ; il ne veut point se sentir lié par les goûts
du moment : il veut achever une œuvre et ne la
livrer que lorsqu'elle lui paraît mûre. On la discute : il a pesé ses arguments ; on l'attaque : il
est prêt à la défendre ; on l'applaudit : il est con-
tent, avec — peut-être — un certain scepticisme.
Son esprit se plaît aux idées générales et il sait
que les problèmes qu'il traite se poseront éternellement devant l'âme humaine. Il n'a donc point
d'illusion et ne tire point vanité de ses succès : il
éprouve cette mélancolie intime, cette tristesse
que laisse à l'intelligence l'abandon de ce qu'elle
a créé...

Un jour — voici quelques années — je fus lui rendre visite à Paris. Il me reçut dans un ancien hôtel, très aristocratique, de la rue de Grenelle. C'était l'hiver. Un grand feu de bois brûlait dans la vaste cheminée ; les meubles de style autour de nous, étaient groupés avec discernement et, en ces lieux, planait une sensation solennelle de noblesse. De taille moyenne, plutôt petit, trapu, les épaules larges, la tête forte, avec le front découvert et les cheveux en brosse, la barbe courte, il vous accueille le sourire aux lèvres. Il vous scrute avec ses yeux vifs et malicieux. Il parle d'une voix claire et raconte, sur un ton enjoué, des histoires gaies. Il évite les sujets graves et vous déroute par des boutades spirituelles ; il n'explique point, comme tant d'autres, ce qu'il a désiré exprimer ; il vous laisse le soin de comprendre tout seul et, même à l'écouter, on croirait qu'il se désintéresse de son théâtre. Parfois, il s'absorbe dans une réflexion très rapide, et vous observe comme un photographe prend un instantané. Il s'anime à la description de ses chasses, et l'on devine une émotion intime à l'évocation de certains mots : alors, sans doute, des paysages se réveillent dans sa mémoire, et il les conserve pour lui, pieusement, tandis qu'il s'abandonne, sans effort, à la conversation.

Quant à l'histoire de ses pièces, elle offre de singulières surprises. Voici, par exemple, l'origine de *la Nouvelle Idole*, telle que l'a conçue M. de Curel.

Un clubman avait triché au jeu ; sa femme découvre sa faute, la reproche à son mari et, par dégoût, prend un amant ; le mari se brûle la cervelle. M. de Curel en était là, quand il apprit, par les journaux, le cas d'un médecin qui avait été condamné pour avoir tenté des expériences physiologiques sur ses malades. Il transposa sa première version et vous savez la grande œuvre qu'il réalisa.

Ceci prouve que M. François de Curel n'est point un écrivain vulgaire ; il est aristocrate, il l'est jusque dans la pureté du style éloquent, jusque dans l'individualisme.

Mais, ce gentilhomme, qui passe sa vie à la chasse, dans ses forêts ou sur ses terres, a fait, lui aussi, « une carrière dramatique » ; tout comme le premier débutant venu, il a expédié un jour, timidement, des manuscrits au théâtre Antoine... et ils y ont été reçus.

Il convient ici — en quelques mots — de noter certains traits de sa vie. M. François de Curel appartient à une ancienne famille qui exploite de grandes entreprises ; ses ancêtres maternels les avaient dirigées eux-mêmes, et l'on souhaitait qu'il suivît leur exemple. On le destinait à l'industrie. Né en 1856, il entra au collège de Metz, comme externe, et il passa ses loisirs entre l'attention qu'il prêtait à l'enseignement et les premières tentatives d'art dramatique. Déjà, il imaginait des pièces et fabriquait, pour les interpréter, en guise de comédiens, des fantoches en bois très rudimentaires. Il fut reçu bachelier ès lettres et ès sciences, peu de temps après la guerre, et obtint aussi son diplôme d'ingénieur ; mais au lieu de s'en servir, il préféra se livrer à d'autres études et surtout à la lecture. Il lisait inlassablement et s'enthousiasmait pour Flaubert, Maupassant et Tolstoï. Il écrivit même un roman, puis un autre, mais il ne s'en jugea point satisfait. Un jour, il commença une pièce, sans trop se soucier de quel côté son sujet le conduirait. Serait-elle une comédie ou un drame ? Elle s'appelait *l'Envers d'une Sainte* ; il envoya le manuscrit en même temps que deux autres — tous trois signés de noms différents — à Antoine. « Antoine — raconte spirituellement M. Adolphe Brisson, dans un article qu'il consacrait naguère à M. de Curel — répliqua à cet envoi par trois billets enthousiastes qui transmettaient aux trois auteurs son acceptation. M. de Curel se trouvait être trois fois élu. Il entrait dans la carrière par la porte triomphale. Et c'est dans ces conditions que *l'Envers d'une Sainte* a vu le feu des quinquets. »

M. de Curel fut accueilli par le public avec une sorte d'étonnement ; ce mélange de philosophie et d'épisodes dramatiques surprenait les spectateurs accoutumés à des distinctions « de genres » plus tranchés. *L'Invitée*, *l'Amour brode* et *la Figurante* parurent, dans la suite, des pièces intéressantes et dignes de séduire les amateurs, mais elles ne reçurent pas l'approbation de la foule. Depuis, nous avons applaudi *les Fossiles*, *la Nouvelle Idole* et *le Repas du Lion*, et nous avons lu, avec une curiosité souvent attentive, cette étrange *Fille Sauvage*, qui semblerait, de préférence, venir des fjords brumeux du Nord que des déserts brûlants de l'Afrique.

⁎⁎⁎

L'œuvre de M. François de Curel est originale, plus poétique encore que symboliste ; elle est profonde aussi. Il serait superflu de la soumettre à une analyse rétrospective et de rappeler, par le menu, les sujets de ces pièces.

A relire ce théâtre, on en ressent la fougue et l'audace ; certains procédés, peu usités par les contemporains, étonnent ; on en devine la sensibilité cachée et les ironies inavouées. Un philosophe professionnel y trouverait matière à développements, et le jour viendra sans doute où quelque universitaire s'en emparera et nous démontrera « le système philosophique de M. de Curel ». Mais, ce qui ne se démontre pas, ce qui ne s'explique point ni ne se dissèque, échappera éternellement au pédant en quête de dissertations officielles. Si M. de Curel complique parfois son drame par un excès de développements, s'il s'abandonne volontiers à des digressions trop longues pour la scène, si son dialogue manque souvent de naturel, si ses trames, d'une sombre inspiration, dépassent le drame réaliste, s'il recherche parfois ou accepte des situations excessives — l'œuvre, à reprendre une à une ces puissantes scènes, est riche en belles émotions et grandit par un débordement d'angoisse et de pitié, de réflexion et d'énergie, dans un langage qui s'élève et dont l'éloquence n'est point creuse ; M. François de Curel est, par son inspiration, un poète et un superbe artiste.

Il a osé aborder les problèmes de l'âme les plus poignants. Il ne les discute point en métaphysicien ; il doit avoir horreur de l'étroitesse d'esprit et il doit se défier des « docteurs ès sensibilité ». Traite-t-il une question sociale, il évite les rhéteurs et les sociologues patentés ; il admet les contradictions et les retours du cœur humain ; enfin, il accepte — que dis-je ? — il proclame que la raison n'est point maîtresse souveraine, et il ne trouve point d'incompatibilité entre la science et la religion, pas plus qu'entre la générosité et les conditions nécessaires au développement des efforts industriels.

De telles conceptions ne germent point spontanément dans l'esprit ; elles pénètrent la pensée avec l'air que l'on respire, avec le spectacle du monde qui s'y dépose et que l'intelligence fait revivre pour les rendre accessibles aux autres. La nature exerce une influence définitive ; sa première impression demeure pour l'homme le premier élément qu'il s'assimile et reste, pour lui, le terme de comparaison à mesure qu'il fait plus ample connaissance avec la vie.

M. de Curel a passé et passe encore le meilleur temps de son existence à la campagne ; il se livre à la pêche et à la chasse ; il erre au milieu des forêts, dont chaque arbre est un confident ; il se repose sur les bords des rivières, dont les murmures lui parlent ; il contemple les sources, qui reflètent l'infini du ciel. Il sonde le mystère de la vie des choses : il goûte le silence et entend les secrets de la solitude. Volontiers, je me l'imagine, au retour d'une battue, les pieds sur les chenets, par une tombée de nuit automnale ; la flamme est claire ; il l'écoute chanter, siffler, ronfler ; ces cendres qui tomberont dans le foyer, ces cendres éteintes — voilà tout ce qui reste d'un chêne géant, d'un hêtre frêle ou d'un sapin, aux mouvements religieux, lorsque la brise incline ses branches... Les éternelles lois de l'univers se manifestent là ; elles s'y cachent ; elles s'y multiplient et confondent la raison qui les classe arbitrairement. Cette gestation incessante, cette poussée constante vers la vie, toujours à la veille de la mort, impose à la nature ses exigences et ses conditions ; la cité des arbres et la république des flots ont une législation, nécessaire à leur croissance et à leur déroulement. L'écrivain y puise des ressources et en tire mieux que d'heureuses comparaisons de style : la nature lui explique sa propre destinée et celle des hommes.

Robert de Chantemelle des *Fossiles*, agonisant, évoque le souvenir de ses chasses : « En moi, l'aristocrate adore ces futaies aussi anciennes que nous, dont les rameaux protègent tout un peuple d'arbustes... Impossible de me promener parmi eux sans partager leur arrogance. »

Et sa sœur, Claire, qui lui survivra, pour défendre la tradition de sa race, songe à la mer :

« Je me demande si les hommes ne pourraient pas cheminer parallèlement comme les vagues qui, sans se heurter, courent toutes ensemble jusqu'à la grève. »

Ces deux voix se répondent : l'une, s'effaçant au seuil du tabernacle éternel, rappelle ce qui semble immuable dans le monde, évoque avec un accent de majestueuse déception ce qui doit disparaître ; l'autre, croyante par devoir, appelle à son secours l'utopie ou le rêve et pose l'inter-

rogation suprême à l'avenir, sans illusions... Et
ces deux voix se mêlent :

« O Robert ! — s'écrie Claire — que voilà bien
le frère et la sœur !... Ils supplient la forêt, le
vent, le nuage, de leur chanter la vie ! »

Ce symbolisme s'impose à M. François de
Curel ; il n'est guère d'œuvre signée de son nom
où l'on ne reconnaisse cette même empreinte,
cette même méditation, après une journée active,
lorsque le corps éprouve une saine lassitude, que
l'âme travaille librement et rêve dans le silence.
Or, c'est précisément le rêve qui donne à l'œuvre son caractère propre et son envergure.

*
* *

Si l'on voulait, méthodiquement, étudier les
idées de M. François de Curel, il faudrait, me
semble-t-il, les chercher dans *la Fille Sauvage*. Je
ne me sens point — je l'avoue — de force à entreprendre ce travail ; ces six actes, qui contien-
nent de très intéressantes considérations, me paraissent très originaux au point de vue scénique.
L'auteur pose en principe que l'homme est un
animal doué d'un certain nombre de facultés la-
tentes ; à mesure qu'il entre plus avant dans la

vie, ces facultés se développent ; mais, les plus
instinctives priment finalement les autres, car
elles s'imposent plus despotiquement. Ainsi,
l'égoïsme, par exemple, finit toujours par triom-
pher, parce qu'il est la qualité la plus instinctive
de l'individu, parce qu'il est l'instinct même ; or,
l'individu, c'est-à-dire la personnalité, ne se dégage pas tout de suite ; c'est à travers les épreuves
successives qu'elle se découvre et qu'elle s'achève ;
les diverses étapes qu'elle franchit avant d'atteindre le but vers lequel elle tend, la morcellent,
l'épuisent quelquefois, la trompent sur ses propres ressources. Mais, arrivé au terme suprême,
l'instinct primitif surgit au milieu des vertus artificielles et rappelle l'homme primitif.

Ces données, assurément, paraissent abstraites
et peu faites pour entrer dans les limites d'une
œuvre dramatique destinée à être représentée. Le
procédé, dont use M. de Curel pour sa démonstration ibsénienne est, néanmoins, du meilleur
cru français. Jadis Condillac imaginait sa statue :
M. François de Curel imagine une sauvage ; c'est
une cousine norvégienne de *l'Ingénu* de Voltaire
et si, d'aventure, ces deux parentes éloignées se
rencontraient quelque jour, elles seraient surprises

qu'une même race ait pu les produire à un siècle
ou deux de distance... Vous vous souvenez comment la fille sauvage fut découverte, nue et
souillée de boue, dans une fosse d'ours, par un
roi plus ou moins sauvage lui-même ; elle doit la
vie à un jeune français, Paul, qui se propose
d'expérimenter sur elle les procédés de la psychologie contemporaine. Tous deux — la sauvage et
l'intellectuel — sont au pouvoir du même souverain ; dès l'abord, le sentiment de la liberté s'accuse en eux : pour Paul, la liberté cesse avec la
moindre contrainte ; quant à la fille sauvage, la
force brutale, seule, la dompte. Tous deux
manifestent un égal besoin d'affranchissement ;
ils n'accepteront d'autre autorité que celle de leur
propre *moi*, c'est-à-dire, encore, de leurs instincts
primitifs, et leur « égoïsme » — très différent —
les mène à l'anarchie morale. Conduite en France
par Paul, la fille sauvage entre dans un couvent ;
elle y devient insensiblement croyante ; ses superstitions et le culte brutal de ses fétiches —
aspiration humaine innée — se christianisent et
elle se courbe sous le joug de la religion. « Pauvre humanité, qui ne monte qu'en rampant!
pense Paul. » D'ailleurs, il la voue à une grande

œuvre : elle travaillera une fois de retour dans
son pays — dont elle épousera le roi — à civi-
liser ces régions incultes. Mais, par un geste,
d'apparence insignifiante, Paul lui démontre la
vanité de ses superstitions religieuses et anéantit
sa foi. L'esprit critique démolit ce cœur déjà déçu
avant d'être éduqué. Paul emmène son élève à
Bayreuth ; l'idée du beau s'élève sur les débris de sa
religion, comme un lys parmi des décombres et
les ruines d'un temple. En même temps, l'amour
fermente en elle : jadis, elle se plaisait, incons-
ciemment, au commerce des animaux ; maintenant, elle se prend à aimer, à adorer, plutôt, le
plus subtil des savants. Il ne la veut point pour
compagne : elle sera l'unique épouse du nouveau
souverain, resté polygame, de son pays d'origine
où Paul l'a découverte ; cette lutte est, d'ailleurs,
douloureuse ; la femme est désemparée ; sa destinée, sans autre désir que de satisfaire sa passion
exclusive pour Paul, s'écroule ; il la raisonne :
que l'orgueil supplante son culte et qu'elle « se
pétrifie dans son orgueil » ; il lui conseille de
monter vers son ambition et lui révèle, du même
coup, que « les voix qui appellent aux sommets
sont toujours menteuses ». Aussi bien, lorsque

la fille sauvage retournera sur sa terre natale, elle
y retrouvera non seulement le souvenir de ce
qu'elle fut, mais ses instincts incultes, irrités par
l'âpreté de sa foi et de son amour ensevelis. Paul
l'a brisée : il lui a enlevé la religion, la règle de
sa pensée, puis son amour ; elle ne songe plus
qu'à se venger de la vie. Elle fera massacrer les
missionnaires, représentants de la foi qui l'a déçue
et qui espéraient beaucoup d'elle ; elle exercera
avec un despotisme conscient ces mêmes passions
et ces mêmes instincts, intellectualisés, qui fai-
saient d'elle une créature sauvage.

Conclusion pessimiste, assurément. Ici, elle se
présente sous sa forme crue et paradoxale.

Le même mobile cependant qui pousse *la Fille
Sauvage* au massacre, engage Julie Renaudin, de
l'Envers d'une Sainte, à commettre un crime, pousse
Albert Donnat, de *la Nouvelle Idole* au suicide,
Jean de Sancy, du *Repas du Lion,* au revirement
de ses théories, et s'affirme encore, jusqu'au tragique, dans *les Fossiles.*

*_**

Le tourment divin, voilà bien l'une des mala-
dies les plus cruelles de l'âme ; le savant, le plus

pénétré de sa mission, en souffre et se perd dans
l'insondable mystère, dans le mysticisme de sa
science positive ; écoutez les angoisses du Dr Albert
Donnat de *la Nouvelle Idole* ; suivez-le dans la
progression de son doute, puis de son remords,
et voyez-le se résigner au sacrifice. Voilà l'individu encore qui s'accuse. Le docteur Donnat est
une âme fervente autant qu'inquiète ; il n'a pas
établi définitivement la Foi qu'il cherche ; il sent
planer un éternel inconnu sur les données posi-
tives de sa science. Ce mystère le hante, le sti-
mule, excite sa curiosité ; il devient plus que
croyant : il est prêt à se faire l'apôtre d'une certitude qu'il n'a pas. Mais, au nom même de ce
qu'il affirme être sa conviction inébranlable, il
tente un acte de suprême audace et de prosély-
tisme. L'orgueil de la certitude scientifique l'aveugle et il ne croit même plus aux miracles possibles de sa science. Une malade qu'il condamnait
à la mort, est sauvée d'un mal qu'il déclarait sans
recours ; il était convaincu, au point de tenter sur
elle une expérience mortelle : la malade guérit
de sa première affection, et voilà le savant perdu :
cela ne devrait pas être et il comprend, alors, que
son *Idole* n'était pas son Dieu, puisqu'il la jugeait

incapable d'accomplir un prodige évident. De là
— tout comme *la Fille Sauvage*, lorsque Paul
prouve la vanité de la croyance au miracle —
naissent le doute d'Albert sur sa conduite, puis sur
la science, enfin sa religion et son remords. Par un
retour à sa foi primitive, à l'adoration, ou plutôt
à l'aspiration vers une divinité, il se prouve à lui-
même sa sincérité ; mais son sacrifice est en con-
tradiction avec sa *Nouvelle Idole,* qui devait l'af-
franchir des superstitions mystiques dans lesquelles
il retombe. La foi positive du docteur Albert
Donnat n'admet pas le surnaturel, alors que la
fille sauvage est convertie par le miracle. Le savant est bouleversé lorsqu'il constate que sa certitude est faillible ; de même, la fille sauvage se
révolte lorsqu'elle s'aperçoit qu'elle est le jouet
d'une illusion. Ainsi que la fille sauvage, le docteur Albert Donnat est déçu. Et qui donc le comprend ? Une pauvre petite religieuse qui avait sacrifié sa vie « en détail » et qui sourit d'aise à
l'offrir « en gros » aux créatures humaines : contraste singulier de ces deux cœurs qui se font
complices pour monter vers la même lumière. Et
c'est elle, encore, qui rend l'amour de la femme
au mari, et c'est elle — la servante et la martyre

chrétiennes — qui va consoler son bourreau, victime aussi de son Idole. Cette œuvre contient de magnifiques élans ; telle dans la scène entre le docteur psychologue Cornier et Albert Donnat, scène ironique et cruelle, la comparaison des nénuphars. Ici, je ne veux retenir qu'un mot... « Toute marée, s'écrie le docteur Donnat, dénonce au delà des nuages un astre vainqueur ; l'incessante marée des âmes est-elle seule à palpiter vers un ciel vide ? »

Parole amère, au seuil de la foi divine, désillusion qui mène à l'éternelle hantise de l'infini divin... Au fond, le docteur Donnat raisonne, et il raisonne en désabusé et en homme conscient, par la souffrance ; il détruit, en se vouant à une mort certaine, la foi qu'il se crée : il ne saura jamais la vérité de ce qu'il poursuit ; il brise, par un acte violent et passionné, le sanctuaire où s'enfermait l'orgueil qui l'avait gouverné : lui aussi devient anarchiste, à sa façon...

Qu'est-ce donc qui mène l'homme dans la voie qu'il doit suivre pour réaliser sans heurt l'œuvre d'art de sa propre personnalité ? La foi individuelle le torture : il y a la tradition. Elle est im-

placable, s'il faut en croire M. François de Curel,
et les revanches de la destinée sont terribles.

Les farouches personnages des *Fossiles,* ces
Chantemelle hautains et nobles, qui commettent
des crimes superbes avec « la manière » la plus
hautaine, se sacrifient, eux aussi, à la tradition de
leur race et pour l'enfant « plein de sève » ; le
vieux duc tombe comme un chêne antique et Robert meurt comme un saule inquiet, par les fris-
sons de l'hiver. Il ne reste d'eux qu'un enfant,
engendré par le père ou le fils — on ne sait trop,
puisque Hélène Vatrin fut leur maîtresse à tous
les deux — il reste un enfant, élevé par une mère
bourgeoise et anoblie, avec des instincts peu
nobles, et par Claire — cette Antigone — sa
tante, qui appliquera implacablement les derniers
conseils que Robert a notés dans son testament.
Il veut que cet enfant vive dans la tradition des
ancêtres ; mais il constate aussi, que la vieille noblesse n'est plus qu'une ruine splendide : « Avant
qu'elle ne disparaisse — écrit-il — il faut que,
par un pieux mensonge, ses derniers représentants
laissent la même impression que les gigantesques
fossiles qui font rêver aux âges disparus. » C'est
pourquoi Robert de Chantemelle souhaite que

son fils soit un homme moderne, qu'il se rende compte des exigences de son époque, mais qu'il sache aussi à quel prix ses parents — tous les siens — ont payé sa vie, à lui, et que ces actes le retiennent dans le chemin que tracent leurs exemples. Puis, avant d'achever ce suprême vœu, Robert regarde une dernière fois en arrière ; il mesure son destin et il considère avec mélancolie le peu qu'il fut et ce qu'il aurait pu devenir. Il meurt ; tous, autour de lui, vont mourir par leur sacrifice pour cet être frêle qui hérite du nom, de la noblesse qui est « de l'honneur accumulé » ; Robert laisse ce dernier appel : « Nos existences à tous finissent avec la tienne. Qu'importe ! On a fauché toute la prairie pour sauver un petite fleur. »

⁎⁎⁎

Et je me demande ce que sera, dans l'avenir, cet Henri de Chantemelle. Que deviendra-t-il ? Un Jean de Sancy peut-être, du *Repas du Lion,* un aristocrate qui est imbu, lui aussi, des « idées modernes ».

M. François de Curel traite, dans cette œuvre, l'une des questions sociales les plus considérables.

Les mêmes tempéraments qu'il met aux prises, successivement, avec leur foi ou leur tradition, se heurtent ici, à la vie extérieure. C'est la lutte sanglante de l'individu contre les autres, mais, avant de conclure avec une âpre clairvoyance à la nécessité d'imposer son égoïsme qui profite à l'existence du monde entier, l'auteur veut repasser par toutes les crises que traverse la pensée pour en arriver à cette extrémité. Je ne reprendrai pas successivement les scènes, même capitales, de cette tragédie ; elle est palpitante de mouvement, d'éloquence, et j'y sens je ne sais quel deuil, quelle angoisse qui couvent sous la résignation ou éclatent dans leurs révoltes brutales.

Ce Jean de Sancy doit être — je l'imagine — infiniment cher à M. François de Curel. Il adore ses forêts, il n'aime qu'elles au monde. Son âme frémit au contact de la nature ; il est délicat de corps et d'âme ; sa sensibilité le rend sans cesse véhément et douloureux. Jamais Jean de Sancy ne se résignera à voir arracher ses arbres, faucher ses prairies, arrêter ses ruisseaux : lui-même en reçoit une blessure inguérissable. A leur place, doivent surgir des bâtisses informes : l'usine

s'élève là où grandissaient les plus belles plantes.
Vous savez comment, après un acte d'anarchie,
Jean de Sancy inonde les chantiers et cause la
mort d'un ouvrier. Il jure, sur son cadavre, de se
consacrer à ses semblables. Il élèvera Mariette, la
fille de cet homme, il sera l'ami des ouvriers. Il
vient à Paris. Il est seul pour lutter : il est seul
aussi pour s'instruire, car nul ne peut comprendre
les mobiles de sensibilité qui le poussent à sa vocation. Il se veut humain, il se veut supérieur à
lui-même, presque : il faut que son action constante devienne féconde en bienfaits et qu'elle
apaise ses remords. Mais, au fond de son âme
demeure un mysticisme qui s'insinue dans ses
moindres pensées. Le souvenir des forêts, de son
enfance vagabonde, heureusement sauvage, de
son esprit dominateur, de sa passion, le visite et
lui rappelle que, naguère, il n'hésitait point, pour
son plaisir, à sacrifier la vie d'un garde-chasse
pour défendre son gibier contre le braconnage. Il
a sacrifié ses bois et ses eaux à d'autres, à son
beau-frère qui, à son tour, apporte à son labeur
intrépide, le même zèle que Jean, naguère, apportait de fiévreuse impatience à exercer ses goûts
indépendants. Le socialisme, sans doute, le sé-

duirait ; mais son âme est restée attachée aux
sensations plus raffinées de sa race ; il lui faut un
décor, un décor pieux : l'Eglise le lui accorde.
Jean de Sancy parle, à Paris, aux ouvriers, s'abandonne à la fougue de sa nature et prêche ; puis,
il hésite, lorsqu'il s'agit de prendre un parti pour
les ouvriers contre leur patron, son propre beau-
frère. C'est que son socialisme catholique est
fondé sur l'idée de bienfaisance ; il pratique une
vertu, il obéit à un devoir plus impérieux qu'une
revendication sociale ; il va vers le désintéresse-
ment de l'âme et il a peur des contre-coups im-
médiats de l'utopie, qui anéantirait l'œuvre de
tant d'efforts et d'énergies accumulées. Le voilà
prisonnier de Robert, un contre-maître très avisé,
à la tête des révoltés, frère du curé de Sancy et
beau-frère de Prosper, le garde-chasse, fidèle et
impassible fonctionnaire du comte. Robert — qui
tuera Jean comme « traître » à ses doctrines —
le condamne et le curé lui prouvera qu'il n'était
point un « prophète », car, s'il essayait de convaincre par son ardeur et son exemple, il n'avait point
la foi catholique profondément ancrée en lui.
Jean de Sancy n'était que « l'airain sonore » dont
parle saint Paul, il n'avait pas « la Charité »,

c'est-à-dire l'Amour. Mariette, qui l'aimait, et qu'il a repoussée, le renie, de son côté. Et Jean de Sancy meurt pour n'avoir pas compris tout de suite son destin et pour avoir pratiqué « la Charité », telle qu'on l'entend dans « les œuvres », au lieu de la « Charité », spontanée du cœur, que l'on déforme aussi en la réduisant à un « devoir social ». La conclusion de la pièce est d'une philosophie positive : elle veut le triomphe de l'égoïsme, puisqu'il sert aux autres et que, par conséquent, il profite à l'humanité, malgré elle... Le dernier mot s'exhale comme un soupir désespéré ; Robert, le contremaître, vient d'incendier les forêts — ce qui en subsiste — et l'usine ; il vient aussi de blesser mortellement Jean de Sancy. Et, avant d'expirer, dans un suprême regard, Jean embrasse tout ce qui avait été sa tendresse et qui avait fait son sacrifice et il murmure : « Adieu, petit Jean. »

Tout comme Albert Donnat, Jean de Sancy avait voulu : « Mourir pour une idée », et, tout comme lui, il meurt avant d'en connaître la signification suprême : le sacrifice constant, auquel l'oblige son inquiétude et son tourment divin, mine son âme malléable, artiste et inassouvie...

« L'humanité, dit le docteur Donnat, est menée par des idées. » Jean de Sancy le croyait : il se heurte aux réalités brutales de la vie ; il affirme les droits du travail, puis les droits plus impérieux de l'intelligence et, du même coup, il opprime les uns ou les autres, les prive de l'exercice indépendant de toutes leurs facultés, en les asservissant à leurs instincts. Dans *la Justice*, de Sully Prudhomme, je retrouve la même bataille « des instincts » et des aspirations, et ce vers résume, en partie, les angoisses scientifiques du docteur Donnat et les désespoirs de Jean de Sancy :

Toujours d'un droit qui naît une liberté meurt.

**
*

Je n'ai pas la prétention d'avoir exposé l'œuvre de M. François de Curel, dans le rapide examen de quelques-unes de ses vues. A dessein, j'ai suivi l'ordre de leurs groupements, sans m'inquiéter de la suite chronologique de ses pièces. Il m'a semblé intéressant d'y retrouver — d'essayer d'y retrouver — la même méthode : le passage de l'individu à la vie sociale me paraît une évolution très curieuse — arbitraire, peut-être — que j'ai cru découvrir dans cette œuvre.

Il serait nécessaire, afin d'en établir le caractère dramatique, d'éclairer, par des citations et la description des personnages accessoires, ces aperçus trop succints.

En vérité, je me demande par quelle ingéniosité M. François de Curel a pu rendre possibles au théâtre des sujets aussi abstraits et aussi élevés. Je ne veux point d'autre témoignage pour reconnaître un auteur dramatique en cet écrivain et ce penseur très nobles, que le succès de ses tragédies — telles que la *Nouvelle Idole*, par exemple.

Ces pièces ne sont pas, à proprement parler, des pièces à thèses. Elles présentent, sans doute, une apparence artificielle, par le ton du langage, imposé par l'élévation du sujet; elles défendent, aussi, aux sentiments plus tendres et plus directement humains, leur libre épanouissement : elles sont spéculatives. L'auteur fait appel à la réflexion, à l'intelligence, il nous pénétre par un don d'émotion très rare et par cette sensibilité très personnelle qu'il a su acquérir au contact immédiat de la nature.

M. François de Curel ne recherchera point « la question du jour » pour en tirer un article débité

sur les tréteaux, par des comédiens : il livre à une
élite de spectateurs le tourment plus grave qui le
préoccupe. En décrivant ce que son imagination
réveille de luttes dans sa propre âme, aristocratique et méditative, il révèle à l'âme de ses contemporains les affinités lointaines avec un passé
auquel il rend tout son éclat dans sa mélancolique
splendeur : le présent aussi est lourd d'angoisses
et d'incertitudes, que les apparences fugitives ou
les querelles vaines cachent trop souvent aux
hommes...

M. Brieux.

M. Brieux.

Depuis quelques années, les pièces de M. Brieux font l'objet de discussions et presque de manifestations. On l'accuse, d'une part, de sacrifier au goût du jour, on le loue, d'autre part, d'aborder des questions qui touchent à la morale et à la bonne tenue des mœurs. D'avance, on pourrait définir la presse qui accueillera son œuvre et, d'avance aussi, on pourrait affirmer que M. Brieux ne tiendra nul compte des reproches qu'on lui adresse, qu'il poursuivra, du même pas énergique et tenace la route sur laquelle il s'est engagé, qu'il ne changera rien à sa conduite, rien à sa pensée ; il convient, tout au moins, de rendre hommage à cette volonté consciente de ses entreprises et au zèle de son activité. Le public, d'ailleurs, ratifie par ses applaudissements la décision de l'auteur et le succès n'est point, pour une pièce de théâtre, chose si méprisable, comme disait Sarcey. Sans doute, un artiste peut se plaire à d'autres observations ; les caractères et la vie privée semblent mieux en harmonie avec la tradition classique française ; on la retrouve davantage dans les descriptions qui représentent l'individu, que dans les dissertations, voire les leçons générales que le moraliste prodigue à la foule. Mais, il ne s'agit point de discuter de ses préférences : l'auteur cherche son inspiration dans l'émotion qu'il ressent au contact du monde ; louons-le de sa sincérité : la vie ne se traduit que par la vie et seule l'observation fournit les éléments à la création. Tel est-il plus ou moins artiste que tel autre ? L'art me paraît plutôt une question de qualité que de quantité et si j'apprécie les vues morales de M. Brieux, j'avoue ma prédilection pour des conceptions plus subtiles et moins vulgarisatrices.

.*.*

M. Brieux m'apparaît comme une figure saine et vigoureuse. La physionomie, elle-même, accuse un tempérament fort et robustement charpenté ; il est grand, avec des épaules larges ; sou-

ple, il se meut avec adresse ; ardent, il s'exprime
avec une lenteur qui lui permet de peser les paroles qu'il prononce ; la tête ronde supporte une
chevelure bouclée ; les yeux clairs et bleus regar-
dent avec décision et malice ; la bouche nette-
ment dessinée et expressive, aux lèvres rouges et
fortes, s'entr'ouvre sur des dents larges ; un rire
gai, sans amertume, succède à un silence attentif ;
les mains soulignent, sans effort, les mots dont
il use ; sur ce visage, passent de la douceur et de
la violence. Naguère, une barbe en pointe lui
donnait une figure d'apôtre ; aujourd'hui, complètement rasé, son expression est plus volon-
taire, et rappelle un orateur politique. On se
sent naturellement pour lui de la sympathie et il
inspire de l'intérêt, rien qu'à le regarder.

Tout de suite on s'aperçoit qu'il n'est point
rhéteur ; sa pensée, nullement théorique, s'éloigne des notions *a priori* ; une évolution rationnelle,
guidée par une ambition curieuse, a développé en
lui des facultés d'action, bridées durant de longues années. Le moins métaphysicien des hommes, il discute philosophie, ramenant, sans artifice, ses idées à quelques vérités du positivisme et
à quelques axiomes de la morale. Sans doute, au-

trefois, M. Brieux dut avoir des convictions religieuses et, je le crois, qu'il le veuille ou non, il
lui en est resté une vague empreinte, une sorte
de mysticisme au fond de l'âme. M. Brieux n'est
point un révolté ; la révolte suppose un esprit né-
gatif, le sien le porte vers l'action ; seulement le
spectacle du monde et les épreuves de l'existence,
lui ont permis de réfléchir mûrement sur les dangers courus par un esprit mal préparé à les af-
fronter. Lorsque l'éducation de la conscience est
sacrifiée à l'éducation de l'intelligence, les difficultés matérielles surgissant tout à coup, les hommes
se trouvent trop faibles pour les vaincre. De là
des résultats souvent misérables, un orgueil ai-
gri, des forces perdues ; de là, des sentiments
avortés, des soubresauts de vanité, des révolu-
tions dans les natures nées pour un destin honnête, utile et qui se dispersent et se détruisent.
La faute n'en revient pas à elles seules. L'individu peut opposer une certaine résistance aux assauts du dehors, heurter les événements contre
une hérédité morale innée, enfin puiser en son
propre être assez de vigueur pour dominer ce
qu'il croit le mal. Mais, encore, faut-il d'abord lui
fournir les armes, l'exercer à la lutte, le revêtir

de cette dignité, de ce sentiment du bien qui le
protègent. Cependant il court le risque, dès lors,
de s'isoler, de fuir, pour ainsi parler, le contact
des autres et de s'enfermer dans la tour d'ivoire
de son égoïsme. Il convient, au contraire, dira le
moraliste, qu'il se solidarise avec ceux qui parta-
gent son sort ; au lieu de les écarter les unes des
autres, les souffrances et les corvées communes
devraient rapprocher les créatures et leur faire
sentir l'inutilité de leur utopie et les bassesses de
leur violence. Ce tableau que M. Brieux trace de
la société défend de conclure à l'optimisme ; il
poursuit un idéal avec le sentiment que la société
ne l'atteindra jamais et qu'on l'abaisserait, en le
réduisant à des exigences contingentes. Le contraire risquerait de créer un lamentable compro-
promis.

M. Brieux a un idéal, mais M. Brieux n'est
pas idéaliste. Il n'ignore point les conditions imposées à l'homme vivant dans un espace limité
pour une durée éphémère ; sa morale demeure
pratique. Nullement illusionné, il se sent pour
les naïfs une sorte de tendresse pitoyable, souriant à leur jeunesse avec bienveillance, mais s'ef-
forçant, aussitôt, avec une passion communica-

tive et précise, de les ramener aux idées couran-
tes, leur montrant l'inutilité de leurs spéculations, qui se dissipent en fumées et prêt à les ai-
der dans leurs tentatives, lorsqu'il les croit sincères. Il y a de la bonté chez lui, une bonté un
peu fruste, dans sa spontanéité, mêlée, toutefois,
d'une habile pénétration, ennemie de la sottise
et, plus encore, de l'égoïsme.

En somme, M. Brieux a limité son horizon et
c'était la seule manière de rendre son œuvre plus
efficace. Il a donné et cherche, encore, à donner
de la société une définition exacte, puis à démêler quelques-uns de ces grands problèmes qui,
dans l'époque contemporaine, synthétisent, à ses
yeux, les vices épars sur le monde. Mais, lui de-
mandera-t-on, n'était-il pas plus simple de vous
lancer dans la vie publique et, si telles étaient
vos aspirations, ne deviez-vous pas, directement,
les porter devant l'opinion et collaborer à l'œuvre
du législateur ? Qui sait, d'abord, de quels regards
M. Brieux envisage le métier politique ? S'il faut
en croire une de ses pièces — l'une des premières — *L'Engrenage*, son pessimisme ne paraissait
guère l'y engager ; et puis, de tous les temps,
dès la première jeunesse, à peine au sortir de

l'enfance, il avait un besoin d'écrire, de composer, de grouper des arguments que la forme dramatique traduisait tout naturellement.

Il m'avoua, un jour, qu'il construisit son premier drame à quatorze ans et, même, on s'y
égorgeait quelque peu. A cette époque, il ob-
servait un fait divers ; aujourd'hui, ce serait un trait
de mœurs courant... Dès lors, entraîné par une
sorte de vocation apostolique et, simultanément,
par le goût de la scène, il ne s'est point contenté
de la pure recherche philosophique. Le raisonne-
ment est, au fond, une qualité aristocratique, une
faveur réservée à quelques cerveaux de choix, qui
disposent de loisirs, sans avoir la préoccupation
immédiate des soucis terre à terre ; mais, quand
on est obligé de penser au lendemain, de l'envi-
sager, on n'use pas librement de son temps ;
« on verra ça plus tard », on commence par acquérir le droit de réfléchir et, pour cela, on commence par travailler pour vivre, c'est-à-dire par
agir. Dans ces conditions, on fait de la philosophie et de la logique après coup et la morale se
dégage des actes, bien plus encore que de leurs
mobiles.

**

Un artiste ne donne clairement l'expression que des choses vues et ressenties. L'avenir lui apporte, sans doute, la variété des spectacles nouveaux et son observation s'exerce sur des objets dont, la veille, il ne soupçonnait pas, peut-être, les particularités. Mais, ces dons eux-mêmes, le point de vue qu'il adopte, sa personnalité subissent de lointaines influences et celles de la première jeunesse demeurent les plus puissantes. Taine a merveilleusement, dans une de ses lettres, défini le souvenir qu'il garda de la première impression de la nature. Son âme saine, méticuleuse et limpide, avec une méthode prudente, bien qu'audacieuse, analysait ses affinités et, parmi les détails insignifiants, découvrait les causes qui engendrent les créations les plus intimes de la pensée. Au contraire, certains esprits supportent mal cette dissection de leurs facultés. Ils croient, d'un seul regard franc, mesurer tout leur passé ; ils se lancent dans la vie ; fort sages et prévoyants, ils sentent l'attrait du mystère qui les environne et lorsqu'ils l'expriment, ils réduisent leurs perceptions à un certain nombre de formules qui leur sont imposées, par les conditions mêmes de leur existence. En un mot, l'artiste demeure plus ou moins prisonnier de l'homme et l'homme prisonnier de son éducation et de ce qu'il a vécu.

La carrière de M. Brieux me paraît une des plus dignes d'estime. Tant d'autres, élevés dans le luxe du dilettantisme, s'éloignent avec dédain des pensées qui communiquent aux événements leur charme et leur beauté ; certains, batailleurs lassés de leurs efforts quotidiens, cherchent dans le silence ou les plaisirs faciles la distraction qui les réclame ; d'autres, les énervés, les exaspérés, les jaloux que l'on plaint, d'abord, finissent révolutionnaires et menacent la sécurité du « bourgeois ». M. Brieux, tout de suite, a compris les dangers d'une éducation qui ne s'harmonise pas avec les aspirations de la sensibilité et les exigences sociales. Trop de déclassés, résultats d'un demi-savoir, encombrent de leurs mouvements vulgaires les voies trop étroites où se meuvent leurs contemporains. Il l'a montré dans *Blanchette* ; impatients, outrecuidents, ils s'imaginent qu'eux, aussi, d'un seul bond, franchiraient l'espace qui les sépare de ce qu'ont fait des siècles d'étude ou de préjugés sociaux ; ils sont les parias de la science et du monde et ne créent point.

Aussi bien, admirons l'énergie de ce jeune homme, fils d'ouvriers du faubourg Saint-Antoine, qui reçoit une éducation primaire, poussée avec acharnement, de son plein gré, aussi loin que possible, qui, sans défaillances, résiste aux assauts de toutes sortes, et en triomphe. Au sortir de l'école, il entre dans une banque, en qualité d'employé ; mais il ne se soucie point de l'avancement administratif et ne borne point son ambition à siéger, solennellement derrière un bureau, dans un local somptueusement triste : il veut parler déjà, directement, à la foule, et le journalisme l'attire. Il écrit des articles. Qui n'a connu les heures mauvaises, les longues attentes, dans les antichambres, les réceptions glaciales, les promesses vaines, les espoirs déçus ! M. Brieux, souffrant, lui aussi, de la lenteur de ses débuts, ne consentait pas, cependant, à se laisser abattre : on lui refuse de la copie, il recommence, avec ténacité, avec la ferme résolution de réussir. Il case quelques chroniques. L'avenir lui donna raison ; bientôt, on lui offre de partir pour la province, et de s'y installer en qualité de rédacteur en chef

du *Nouvelliste de Rouen*. Il hésite... Sans doute,
il trouverait là des avantages... mais, quitter
Paris... et puis, il s'est marié, il écrit des pièces,
qu'il recopie lui-même, durant la veillée et qu'il
expédie aux divers théâtres... laisser la place aux
autres... enfin, il doute de lui :

« Je ne saurai pas... je n'ai pas assez d'expérience !

— Vous l'acquerrez, » lui répond-on.

Alors, il part, pour la brumeuse et magnifique
capitale normande. Or, rien ne change, dans sa
façon d'agir : il écrit et recopie toujours des pièces, seulement cette fois, la poste se charge de les
distribuer aux directeurs. L'un de ces manuscrits
parvint, un jour, à la Comédie française ; il séjourna dans les cartons ; on le lut et le comité le
refusa ; un double en arriva à M. Antoine qui jugea l'œuvre à son goût, la reçut et la joua aussitôt. Depuis, après plus de 300 représentations à
Paris, en province, à l'étranger, elle figure par un
juste retour au répertoire du Théâtre français ;
elle a pour titre *Blanchette*...

Cependant M. Brieux ne renonçait pas au journalisme parisien. *Le Figaro*, alors dirigé par Magnard, le séduisait infiniment. Pourquoi n'y en-

trerait-il pas ? Dans l'espèce, ce ne furent pas les grands problèmes sociaux qui l'inspirèrent, ni les principes de la morale, ni les dissertations à perte de vue... non, l'actualité, l'actualité légère, badine presque l'attira. Justement, Millaud meurt; M. Brieux décide de lui succéder. Il envoie un premier petit dialogue gai, auquel il joint une lettre dans laquelle il déclare qu'il expédiera la suite. Chaque jour, Magnard recevait de la copie de M. Brieux. Le premier article resta ignoré ; on estima le second digne d'une lecture et le troisième parut. C'est ainsi que M. Brieux, quelques temps, devint humoriste.

La première pièce jouée d'autres suivirent. Il revint à Paris et s'installa, bientôt, dans cet élégant hôtel de la rue d'Aumale, où il séjourne une partie de l'année, pour émigrer dans le midi, durant la méchante saison. Ainsi l'existence de M. Brieux le récompense dignement d'un passé de luttes et d'énergie.

**

Il est assez compliqué d'analyser le théâtre de M. Brieux, précisément, parce qu'il est simple. On se rend bien compte qu'il part d'une idée, d'idées

générales qu'il attaque ou défend. On sent bien
aussi, que, passionné, son tempérament se prête-
rait aisément à des combats violents, mais
son procédé d'exposition, cette faculté de remettre
de la vie dans ces éléments que la réflexion semble
rendre plus théoriques, toute cette genèse et cette
élaboration mêlent l'homme d'action qui se dé-
pense et l'auteur dramatique qui se compose ; on
croit de prime abord, rencontrer un moraliste, on
découvre un impulsif ; on se figure qu'il prêche,
et il se contente de réaliser des tableaux qu'il
anime avec adresse ; il ne pérore pas, il affirme :
tel un orateur qui réussirait à évoquer les actes
dont il entretient son auditoire, et qui se conten-
terait de conclure.

Les premières pièces — je ne parle pas de
Bernard Palissy, un essai de jeunesse — le dési-
gnèrent tout de suite à l'attention du public.
Point d'amour, ou peu ; « il n'y a pas que l'amour
d'intéressant », nous affirmerait-il ; des scènes éloquentes se suivent, entraînées les unes par les autres
et les grands problèmes défilent, en tranches subs-
tantielles. D'abord, l'éducation. N'enseignons point
aux hommes ce qui ne peut pas leur devenir
utile. Les connaissances surperflues ou mal répar-

ties faussent les caractères, les enorgueillissent, dissipent les vertus du cœur et éloignent du milieu où elles ont grandi, les créatures qui ne s'affranchiront que par un acte de rebellion qui les perd. Telle est la première thèse de *Blanchette*. La fille du cafetier de province, dans un dénouement qui fut changé depuis, devient petite femme gauche, noyée dans la grande ville ; elle ne sent plus, au contact des siens, la solidarité indispensable à la famille : le destin l'entraîne. Cette conclusion — d'un réalisme âpre et cruel — fut modifiée : M. Brieux ne fit pas de concessions, seulement il observa que le retour dans la maison paternelle d'une jeune fille humiliée, après l'expérience subie, donne une leçon non moins probante et moins amère. En effet, parmi les institutrices, chaque année, il en est qui prennent leur carrière très au sérieux ; celles-là réussissent et appartiennent à leur métier ; d'autres tournent mal ; d'autres enfin, reviennent calmées, apeurées et dégoûtées. Les trois solutions paraissent aussi logiques l'une que l'autre. M. Brieux voulait démontrer les dangers existants, et si on l'accuse de réaction, il proteste avec violence ; il ne combat point l'enseignement qu'on prodigue, au

contraire, mais il déclare qu'il ne suffit pas de
fournir les matériaux, sans le moyen de s'en servir.

Voici encore *Les trois filles de M. Dupont*, élevées par de braves gens orgueilleux : les défauts
de l'ambition — qui dérègle les meilleures tendances — les conduisent au malheur. Ici, M.
Brieux a prouvé avec quelle maîtrise, quelle
vivacité, il excellait à faire mouvoir ses personnages. En vérité, on se demande quelle passion
de la morale l'a emporté à l'écart de ces représentations humaines, où la thèse cesse toute rela-
tion avec la théorie et se dégage de la seule exposition des faits, sans grands éclats de voix, sans
discours, sans tirades. Le raisonneur de ces sortes
d'œuvres prend sa place parmi le public lui-même.
On admet ou récuse la donnée de M. Brieux, on ne
peut s'empêcher d'en apprécier l'argumentation
très documentée.

Dans ces sortes d'œuvres, il se meut à l'aise ;
point n'est nécessaire de recourir aux artifices du
langage ; il répond à lui-même, il discute avec ses
propres sensations : les éléments lui ont été four-
nis par une expérience personnelle et la justesse
de l'observation atteint l'intensité dans la mise en

scène. Il ne s'agit pas cependant de confondre les tendances de M. Brieux avec les seules aspirations auxquelles prétend l'artiste. Lorsque, par exemple, M. Gustave Charpentier écrit sa *Louise*, l'amplification du sujet dépasse la conception première : on s'émeut pour des raisons qui débordent de l'inspiration; chez M. Brieux au contraire, l'ampleur primitive s'enferme dans un épisode qui restreint, parfois, la conception de l'auteur. On se méprend donc lorsqu'on ne cherche dans ce genre de théâtre que des faits divers ou des thèses abstraites.

Plus éloquente encore me paraît l'attaque dirigée contre le fonctionnement d'une institution prise en bloc : *La Robe rouge.* Cette fois l'auteur dramatique déclare la guerre à l'une des forces fondamentales de l'État. D'après lui, la magistrature doit demeurer au-dessus des luttes, à côté du moins, sans ébranler le crédit nécessaire qui doit lui être accordé. Cependant, peut-on se défendre, dans l'organisation pratique de ce corps, de reconnaître ses faiblesses ou, tout au moins, ses défaillances ? Il reste entendu qu'une société ne saurait se passer d'un tribunal pour rendre des sentences, que l'application de la loi rend équitables, toutefois l'intégrité indispensable au juge,

est altérée par cette fièvre, cette impatience du
fonctionnaire hâtif, qui piétine, au besoin, sa
conscience pour obtenir un peu de la gloire qui
le hante. Le magistrat n'en est pas moins homme,
un homme avec ses instincts, ses appétits, ses du-
retés. Dans cette œuvre — la plus forte peut-
être de son théâtre — M. Brieux n'a pas hésité à
pénétrer dans le vif du sujet. La révolte éclate,
mais la révolte raisonnée; encore : si M. Brieux
pousse aux extrêmes les conséquences d'une mauvaise magistrature, s'il flétrit — et les scènes
successives qui l'établissent, sont passionnantes
par leur réalisme et leur rapidité — la légèreté
brutale d'un mauvais juge d'instruction, misérable et mesquin « arriviste », si M. Brieux oppose
à la puissance dont il se sert induement et aveu-
glément, les souffrances et les faiblesses des victimes, il le met en contraste avec le portrait grave
et digne d'un magistrat intègre qui, au risque de
passer pour une dupe, sacrifie avenir, bonheur,
fortune personnelle au devoir qu'il accomplit dans
la simple loyauté de son âme. Lorsqu'il saura
l'accusé mal jugé, il rentrera à l'audience et pous-
sera un beau soupir de soulagement : « Je vais
faire mon devoir d'homme. » Ne croyez pas à

une concession de l'auteur, comme d'aucuns l'ont affirmé. Il y a, dans certains cas, plus d'audace à traiter un sujet avec impartialité, que de rechercher les approbations partiales d'un public. *La Robe rouge* se rattache à ce que l'on pourrait dénommer « le théâtre social » : l'auteur entreprend le procès d'un état général dans l'une de ses manifestations les plus importantes. En plaidant contre les fonctions publiques mal remplies, il défend la foule qui en devient la victime et le jouet : il nous met en garde contre notre pusillanimité ou contre notre superstition du *statu quo*, parfois déplorable : enfin, il tire des documents que la vie observée lui fournit, un drame émouvant.

On ne saurait grouper chronologiquement les pièces de M. Brieux. Une parenté psychologique, les classe plutôt, en diverses catégories. *Blanchette* et *La Robe rouge* partent, en somme, d'un même point de vue social. *Résultat des courses* me paraît déjà plus populaire, comme un essai de critique de mœurs plus immédiate, avec de remarquables tournants de scènes et des raccourcis audacieux. *Les Bienfaiteurs* s'en prennent à la fausse charité. Mais bientôt il essaye de s'attaquer à l'action de la société qui pèse sur les particuliers. Voici *Le Berceau*.

L'union cimentée entre un homme et une femme par l'enfant né de leur mariage, demeure indestructible. J'avoue, cependant, que la question habilement posée au premier acte, dévie dans les actes suivants et nous entraîne vers des considérations plus générales qui éloignent un peu de la donnée première. Voici encore, *Petite Amie* avec des trouvailles émouvantes, une vigueur dans le mouvement qui rappelle *Les Trois Filles de M. Dupont* et qui commence comme une comédie de mœurs pour s'achever dans le mélodrame.

Une certaine influence de Dumas fils domine ici manifestement M. Brieux. Mais ce qui donnait à l'auteur du *Père prodigue* cette originalité de génie, cette verve intarissable, provient d'un reste de romantisme qui survivait, dans l'existence bohème et boulevardière que mena, dans sa jeunesse, ce fils d'auteur dramatique. Le paradoxe caractérise l'œuvre de Dumas fils ; si elle paraît surannée et systématique, il en reste du moins une formule. M. Brieux est un disciple de Dumas fils, disciple un peu dissident, avec moins d'allure, moins d'élégance, qui aurait, à ses heures de

récréation, fréquenté les classes de la maison d'en
face — chez Émile Augier — pour y acquérir l'ai--
sance dans le scénario et l'amplification par la vie
courante d'un sujet limité par une thèse abstraite.

✱✱

M. Brieux ne cache point son admiration pour
son confrère M. François de Curel. Il aime, chez
ce gentilhomme grand chasseur et bel écrivain,
le goût de la philosophie tragique et ce souci des
mouvements que cause à une âme inquiétée la
recherche des vérités. Il y a quelques années,
lorsqu'on représenta l'*Évasion* de M. Brieux, je ne
pus m'empêcher de songer à M. de Curel. L'hérédité, sur le théâtre, toute la morale, tout le problème de la liberté ! avec quel soin de ne pas s'é-
garer en digressions vaines, l'auteur affirmait sa
croyance dans la liberté et la possibilité de l'affranchissement ! Déjà il s'en prenait aux faux savants, aux menteurs de la science dont les idées,
mal lancées et mal comprises, tombent sur des
cerveaux faibles, tourmentés par les jours incer-
tains. A vrai dire, il clarifiait le problème jusqu'à
le simplifier, le rendait accessible à tous : il le

vulgarisait... Voilà, ce que M. de Curel avait évité, grâce à l'aristocratie de son style.

Depuis quelques années, M. Brieux semble se vouer plus spécialement à des questions médicales. Il est vrai que la maladie empiète souvent sur la morale et que certaines épidémies se combattent par une hygiène sociale. *Les Remplaçantes* nous indiquaient l'avantage de l'allaitement par la mère de l'enfant nouveau-né. Le lait de la mère appartient à l'enfant ; dans un cas de nécessité impérieuse on recourt au lait stérilisé : mais peut-on, sans scrupules, disposer de la nourrice louée, qui, d'ailleurs, présente des dangers pour la santé du nourrisson ? Ce sont *Les Avariés,* dont la tare se perpétue avec la responsabilité de l'homme aveuglé, étourdi par le fléau qui se répand, atrophié par un sentiment malsain et faux de déchéance. C'est *Maternité*, enfin, qui triomphe au théâtre, comme *Fécondité* de Zola triomphait en librairie. M. Brieux, acclamé par les spécialistes et la foule, mérite mieux que les applaudissements recueillis par les orateurs de réunions publiques. Respectable, certes, l'entraînement qu'il subit ne l'éloigne-t-il pas de cet art pour lequel il semblait si parfaitement doué ? Peintre d'intérieurs, il

excelle à saisir, en pleine activité, dans ses attitudes naturelles, la foule mobile avec les hommes
immobilisés ; est-il besoin de les convoquer dans
un laboratoire ou à des conférences et de se
transformer en économiste et en avocat, drapé
dans sa conviction comme dans une robe,
pour leur faire entendre raison et plaider une
cause ?

***

On goûte, au contact de cet esprit net —
M. Brieux aime les sciences au point de faire,
tout seul, de l'algèbre pour se distraire — une
sécurité confiante en la sincérité du jugement passionné. Il parle au peuple avec une véhémente
chaleur populaire ; ses qualités s'affirment dans
une langue qui n'affecte nulle élégance. C'est
pourquoi, nous souhaitons que ses idées, comme
naguère, trouvent leur expression dans ses œuvres
vivantes qui ne provoquent pas seulement l'estime et l'approbation des médecins ou des sociologues, mais qui attirent, à ses côtés, tous les
hommes qui cherchent dans un art humain cette
portion d'humanité dont ils sont avides. Les
grandes lois sociales ne se dégagent-elles pas des

instincts, de la pensée intime et cachée de l'individu qui compose la société ? Sans se perdre en analyses subtiles, on parvient à les dégager, tout au moins dans leurs manifestations plus générales, et M. Brieux l'a parfaitement compris, le premier, dans telles œuvres, *L'Engrenage*, *Les trois filles de M. Dupont* et *Blanchette* qui lui assurent une place remarquée parmi les moralistes et parmi l'élite des auteurs dramatiques contemporains.

TABLE

—

IMPRIMÉ

Sur les presses de NOEL TEXIÉR

A LA ROCHELLE

Pour MM. E. SANSOT ET Cⁱᵉ, éditeurs à Paris.

www.ingramcontent.com/pod-product-compliance
Lightning Source LLC
Chambersburg PA
CBHW070809270326
41927CB00010B/2354